"十三五"国家重点图书项目

国家出版基金项目
NATIONAL PUBLICATION FOUNDATION

李明滨◎著

中国俄国文化交流概论

一带一路

何芳川◎主编

中外文化交流史

国际文化出版公司
·北京·

图书在版编目（CIP）数据

中外文化交流史.中国俄国文化交流概论/何芳川
主编；李明滨著. -- 北京：国际文化出版公司，
2020.12

ISBN 978-7-5125-1277-1

Ⅰ.①中… Ⅱ.①何… ②李… Ⅲ.①中外关系—文
化交流—文化史—俄罗斯 Ⅳ.① K203 ② K512.03

中国版本图书馆 CIP 数据核字 (2020) 第 264010 号

中外文化交流史·中国俄国文化交流概论

主　　编	何芳川
作　　者	李明滨
统筹监制	吴昌荣
责任编辑	王逸明
出版发行	国际文化出版公司
经　　销	全国新华书店
印　　刷	文畅阁印刷有限公司
开　　本	710 毫米 × 1000 毫米　　　16 开
	6.5 印张　　　100 千字
版　　次	2020 年 12 月第 1 版
	2020 年 12 月第 1 次印刷
书　　号	ISBN 978-7-5125-1277-1
定　　价	38.00 元

国际文化出版公司

北京朝阳区东土城路乙 9 号　　　邮编：100013
总编室：（010）64271551　　　传真：（010）64271578
销售热线：（010）64271187
传真：（010）64271187—800
E-mail：icpc@95777.sina.net

目录
Contents

一 从古代至 17 世纪的中俄文化交流

　　中国文化传入俄国的时间比较早，金帐汗国时期（约为 13 世纪中至 15 世纪末）俄国人就已知道有中国这样一个国家了。两国的正式外交往来始于 17 世纪初。互派使臣、签约通商、开展文化交流则是在彼得大帝和康熙皇帝当政年间签订《尼布楚条约》（1689，康熙二十八年）之后，即 17 世纪末叶。

保罗·德拉罗什所绘的彼得大帝画像

间接交流和直接碰撞

古代的丝绸之路，自我国新疆出境，有南北两路。北路在疏勒（今新疆喀什市）以西越过葱岭，经大宛（今费尔干纳盆地，在塔吉克斯坦境内）和康居国南部（今撒马尔罕附近，在乌兹别克斯坦境内）西行。南路在莎车（今新疆莎车县）以西越过葱岭，经大月氏（今阿姆河上、中游一带，部分在土库曼斯坦境内）西行。两条路线会于木鹿城（今土库曼斯坦境内的马里），再向西到里海东南边，又向西延伸，直抵地中海东岸。途中经过的地方有俄罗斯南部和亚美尼亚南部。[①]

我国史籍记载，中国通西域时，与大宛、康居、大月氏之间，不但有丝绸织品、日常生活用具、农作物品种等物品的交流，而且有居民迁徙、宗教信徒朝拜进香等人员的交往，更有军事上的征战。就是说，中国与中亚各国[②]早就有交往。当时虽然还不是与俄罗斯的直接接触，但是通过丝绸之路向俄国欧洲中部腹地，尤其溯伏尔加河而上，使中国商品辐射到俄罗斯的一些重镇。

蒙古人西征导致了中俄的直接往来。13 世纪初，成吉思汗率军远征。1219 年，20 万大军侵入顿河流域。1223 年，进占伏尔加河东岸。1236 年，成吉思汗之孙拔都再次进攻俄罗斯东北部，连克梁赞、科罗姆纳、莫斯科、弗拉基米尔等城，1240 年，攻陷基辅（今乌克兰首都），建立了一个横跨欧亚的大帝国——

① 张星烺：《中西交通史料汇编》，第 4 册第 1、3～27 页，第 5 册第 1、3 页，辅仁大学丛书第一种，1930 年版。
② 同上。

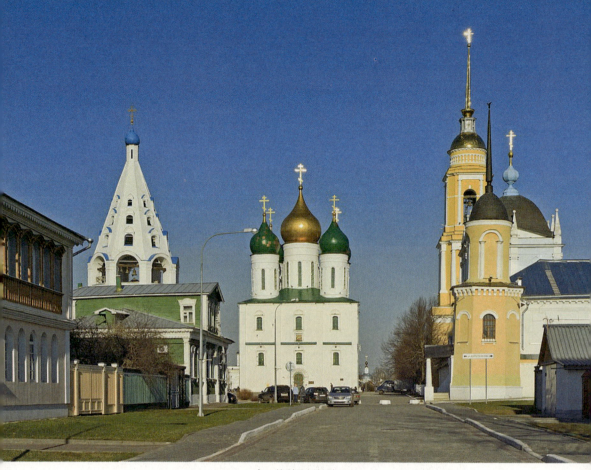

今日的科罗姆纳城

金帐汗国。

　　同时，忽必烈已入主中原，1279 年灭了南宋，定国号为元。从此以元朝为标志的中华大帝国开始与外国交往。在蒙古人统治时期，俄国封建贵族深受东方文化的影响，袭用东方的生活方式和服饰。大批中国物品运到俄罗斯交易，使得伏尔加河中游的城市也成为东西方进行贸易的转运点，俄罗斯的工匠甚至从蒙古人那里间接学到印刷术和利用火药制造武器。

　　蒙古人先经历了接受中国茶的过程，西征时又把这种嗜好带到了俄国。在 1638 年蒙古阿尔登汗一次就赠送沙皇"200 大包干树叶"，由使者斯塔尔科夫运抵莫斯科。经过御医们鉴定，那就是茶叶，认为"茶是治疗伤风和头痛的有效药剂"。而这批中国茶叶正是俄罗斯全国饮茶的开端。

1679 年，中俄签订了固定供应茶叶的协议。每年由骆驼商队和马帮从中国出发，经蒙古，穿越西伯利亚，把茶叶源源不断运往俄国中部，下莫斯科，直抵彼得堡。每次行程 1.2 万公里，耗时近一年。据统计，至 20 世纪初，俄国已成为世界上的饮茶大国，每年要进口茶叶 7000 万公斤。其中 2/3 来自中国，1/3 出自印度和锡兰（今斯里兰卡）。

瓦西里·佩罗夫描绘莫斯科茶会的画作，1862 年，藏于特列恰科夫美术博物馆

由于茶叶运输费时费力，售价自然昂贵，后来俄国人便开始探索自己种植茶树的途径。不过，俄国由引种到种植成功，花了 100 多年时间。到 1900 年俄国的茶树种植园已达到 900 公顷。若论中国茶得以在俄国落户，其中也有中国人的辛劳。著名俄罗斯学家刘泽荣的父亲刘峻周，就是指导俄国人种茶的有功人员。他是广东高要人，1897 年应俄国聘请，到高加索的阿扎里亚地方指导种茶，至 1924 年回国，度过近 30 个春秋，成为阿扎里亚种茶的一位创始人。他以种茶技术和献身事业的精神赢得荣誉，于 1924 年 11 月 13 日获得苏联政府授予的"劳动红旗勋章"。

帮助俄国种茶成功的功臣刘峻周

著名俄罗斯学家刘泽荣

偶尔的使臣来往

俄国人的生活中中国的物产逐渐增多，不但有丝绸、花布、家具和生活器皿，而且有诸多农作物品种，像茶、大米、小米、高粱，有的物产俄文名称就是直接来自在中国物品的译音，如 гаолян，即高粱。

不仅如此，连语言中有一部分用语的

译音也反映出这种交流。以"中国"一词为例，俄文称呼"Kntaй"是来自"契丹"的译音。契丹原是我国北方的一个民族，据《辽史》卷六十三《世表》载：辽是炎黄的后裔。不但在中国历史上辽朝占有重要地位，而且契丹的名称也一度成为中国的代称。13世纪就有波斯的历史学家把金朝称为契丹，元代时来过中国的意大利人马可·波罗也把中国北部称作契丹。在1240年成书的《蒙古秘史》中使用了"乞答"的称呼。而今日俄文中"Kntaй"的读音恰恰是"契丹""乞答"读音的变体。不仅如此，连土耳其、伊朗，甚至希腊等国对"中国"的称呼，都使用了接近于以上两个词的译音。

9 至 10 世纪，辽代胡瓌描绘契丹人的《出猎图》

随着贸易的发展，中俄之间文化、科技的交流也日益频繁。17世纪初叶明朝万历年间，两国开始互相探索建立联系的可能性。

如果说近代西方国家同中国的交往常以传教士来华为开端的话，那么俄罗斯就是以哥萨克为先导。中俄的外事交往是由托木斯克的哥萨克伊凡·裴特林开始的。他奉托博尔斯克哥萨克军的督军之命，于1618年5月9日从托博尔斯克出发，途经大青山、呼和浩特、张家口，过长城，由南口抵达北京，成为俄国官方第一次派来中国的外交使者。伊凡·裴特林在北京逗留四天，于10月11日从张家口起程回国，带去了明朝万历皇帝的国书。他在次年春季返抵托博尔斯克，9月到达莫斯科，向沙皇呈交国书和一幅中国地图。当然，更早的一次出使来华者也是哥萨克，系其军事首领雅雷舍夫，他在1567年出使，到过北京，回去后曾向伊凡雷帝报告情况，包括中国人的起居饮食，不过他并未达成双方政府的联系，故那一次还不算是两国正式交往的开始。

万历皇帝明神宗

列宾名画《扎波罗什的哥萨克给土耳其苏丹回信》，现藏俄罗斯博物馆

　　哥萨克在中俄两国关系中的特殊作用与其性质有关。哥萨克是沙俄时代一个享有特权的军人阶层，起源于 15 世纪，系由一些不能忍受封建剥削的农奴和贫民在南俄边陲聚居而形成的。这支从俄国内地逃亡出来的人群自称"哥萨克"（出自突厥语，义为"自由人"），既从事农牧渔猎，也有人专事劫掠。哥萨克剽悍勇敢，自由自在，不服管辖。沙皇政府后来改用招安政策，彼得大帝在 18 世纪初将其整编，建成"哥萨克军"，由政府军事部门管理，发给其粮饷武装，分给其土地，使其兼事生产和军事征战，

成为一种政、经、军三结合的组织，后来更是被利用来向高加索、西伯利亚和远东开拓疆土。

清初，1654 年沙皇政府派遣以费奥多尔·巴伊科夫（裴可甫）为首的使团来华，于清顺治十三年（1656）到达北京。顺治十七年（1660）俄国又派使臣伊凡·别尔菲里耶夫到达北京。两次都带回了顺治皇帝的文书。

中俄互派使臣来往较多的是在清康熙年间。康熙十四年（1675）尼果赖·斯帕法里（尼古拉·米列斯库）率俄国使团来华，曾受到康熙皇帝四次接见。1719 年，伊兹迈罗夫奉派来华，也受到康

尼古拉·米利斯库的塑像

索额图

熙皇帝五六次接见。此前，在 1716 年瑞典人郎格以俄国特使身份来华，曾受到皇帝的接见。由于俄国哥萨克不断向东扩张，严重威胁中国边境安全，于是，两国派代表进行谈判，在康熙二十八年（1689）签订了第一个中俄条约《尼布楚条约》。中方以内阁大臣索额图为代表，俄方以御前大臣戈洛文为代表，在中俄边境的尼布楚（俄称涅尔琴斯克）进行，谈判内容包括划定两国疆界和通商事务，该条约奠定了中俄外交关系和通商的基础，从此两国的文化交往开始发展起来。

二 18世纪的中俄文化交流

18 世纪为两国的文化交流掀起良好的开端，双方都愿意了解和介绍对方的国情，进而派员、设团固定联络，为长期交流打好基础。

俄国社会"迷恋中国"的热潮

两国有了早期的接触，加上西欧风尚的促进，俄国 18 世纪掀起了"迷恋中国"的热潮：宫廷和上流社会热衷于中国文物和建筑，知识界则注目于中国文书古籍。

18 世纪从法国兴起并传遍欧洲的"中国热"，对俄国有很大的影响。伏尔泰赞叹中国完美道德的文章、宣扬孔子教义的著作以及他取材于中国元代杂剧《赵氏孤儿》的剧作《中国孤儿》，曾经影响了俄国文坛的风气。1788 年涅恰耶夫把伏尔泰所著该剧译成俄文。此前，1759 年剧作家苏马罗科夫就从德文译出了《中国悲剧"孤儿"的独白》。作家拉吉舍夫在西伯利亚写了《有关中国市场的信札》，诗人康杰米尔提到"奇异的中国智慧"，诗

人杰尔查文的诗中一再提到中国文化。此外，剧作家冯维辛从德
文翻译了儒家经典《大学》。作家诺维科夫主编的两家杂志相继
刊登了宣扬中国理想皇帝的文章，一篇是 1770 年 2 月《雄蜂》登
载的《中国哲学家程子给皇帝的劝告》（宋朝程颐《为太中上皇
帝应诏书》的摘译，原书作于宋治平二年，即 1065 年），一篇是
1770 年 7 月《爱说闲话的人》登载的《雍正帝传子遗诏》（原作
写于 1735 年）。

苏马罗科夫画像

拉吉舍夫画像，存于拉吉舍夫艺
术博物馆

杰尔查文画像，存于普希金博物馆

冯维辛像

在俄国沙皇中，有助于促进"中国热"气氛的，是先后在位的彼得大帝（1682—1725 年在位）及其女伊丽莎白女皇（1741—1761 年在位）和叶卡捷琳娜二世女皇（1762—1796 年在位）。

伊丽莎白女皇画像　　　　　　叶卡捷琳娜二世女皇画像

仿造中国景物的风气迅速形成。俄京圣彼得堡，从彼得大帝起，便陆续建造了许多中国的景致。

彼得大帝的夏宫，建于 1704 年，毗连有占地八顷的夏花园。与夏花园毗连的谢列梅捷夫喷泉楼，不但楼内有按中国格调装饰的厅堂，现存许多中国的摆设，是举行"假面舞会"和招待会的场所；而且在花园中的水池边还建有一座中国亭。离喷泉楼不远的舒瓦洛夫宫，18 世纪时设置的蓝客厅里摆满了大大小小的彩色中国花瓶，更有用中国绒绣和丝绣覆盖着的家具，以及成套的石雕摆设，包括玉石、黄晶、水晶、紫晶；圆客厅里放着描金雕椅，

上面蒙有中国丝绸；餐厅里是中国餐具，书房和卧室也有中国家

具或小摆设艺术品。

彼得大帝的夏宫

彼得大帝的女儿伊丽莎白当女皇期间，一辆辆大车装满从中国采购的屏风、漆雕桌子、餐具、大红灯笼，以及丝绸、木器等，穿过遥远的西伯利亚，连绵不断地驶向彼得堡。人们用"伊丽莎白的中国格调"来形容当年的盛况。这些物品装饰起来的房间连同整座宫殿已经成为博物馆。

特别明显的是彼得宫内的中心宫殿里，设有东西两间"中国室"，均建于1766—1769年，东室四周的墙壁上挂有中国画屏——黑色漆底上有烫金烫银的画幅，山水人物齐备。室内陈设中国瓷瓶木器、雕花桌椅、各式小玩意儿。地板用名贵木料拼花铺成。在西室，同样是拼花木地板，均用檀香木、乌木、柠檬木等来自中国或东南亚的名贵木料。天花板上饰有彩绘和中国吊灯，室内的中国饰物里，南墙有一幅大型漆底木雕画《满洲旗人村营》。画中的楼宇旗帜和上操的士兵，还有骑马的军官等，栩栩如生。此外，还有一件彩绘瓷面的大取暖火炉，也使人感受到中国氛围。

叶卡捷琳娜二世最为明显，其影响直接到达文化思想层面，因而也比较深广。女皇叶卡捷琳娜二世即位之初，便作出姿态接受"启蒙思想"，标榜自己是"开明君主"，她在醉心于中国方面以身示范，以致造成叶卡捷琳娜朝代的"中国气派"：她一方面广为收集中国瓷器、漆器、丝绸织物，按中国风格装饰皇宫里的房间和仿造中国园林；一方面拜法国启蒙主义者伏尔泰为师，在致伏尔泰等人的书简中经常谈到中国。因而，在叶卡捷琳娜时代，俄国杂志得以发表许多有关中国的报道、文章和翻译作品。

圣彼得堡的叶卡捷琳娜纪念碑，周围环绕着她所处年代的杰出人物

在圣彼得堡郊区，建于 18 世纪初的皇村（今普希金市）是一处宏大的宫殿建筑和公园，曾充当几代沙皇的行宫。叶卡捷琳娜二世女皇在 1770 年进行改建，不但拥有一座三层楼房式的巨大宫殿——叶卡捷琳娜宫，而且增辟了叶卡捷琳娜公园。同时，女皇还为其孙子、未来的亚历山大皇帝在相邻处造了一座亚历山大公园。在皇村这组巨大的园林中，也兴建了如下数处中国景致：

叶卡捷琳娜宫里的中国蓝色客厅。蓝色油漆墙上镶有中国画幅和涂金木雕，厅内是一应的中国器物、古董。宫中还有一只硕大的清代皇帝赠送沙皇的红漆花瓶。叶卡捷琳娜公园里的中国亭，那座森林公园里花圃湖泊、屋宇雕像，应有尽有。林中古木参天、浓荫蔽日。湖面清水涟漪、轻舟荡漾。园内奇花异木、茅舍石雕，人工的造设和天然的风景融成一体。临湖边上特地建造了一座很大的"中国亭"。两层的建筑，一层为圆形宫室，两厢各有一侧室，第二层为四周立有 12 根圆柱的凉亭，屋顶是凉亭式塔顶，上面竖立一面黄龙旗。"中国亭"色彩鲜艳，引人注目，凉亭与湖泊恰好组成一大景观。

亚历山大公园内还有一座"中国桥"。园内本来还有中国城，第二次世界大战之后仅遗断墙，但公园深处一条连通各湖泊的小河上依然存在着一座石砌拱形桥洞的"中国大桥"，桥面宽阔，可容几个人并行，至今还是旅游的景点。

在圣彼得堡市内，当年彼得大帝所住的小木屋，随着城市建设的发展，已经成了市中心的参观胜地，在小木屋前通向涅瓦河的斜坡，面对河上，高高地矗立着一对中国石狮。从河上乘船过来，

位于圣彼得堡郊区的叶卡捷琳娜宫

远远地就可以看到它们雄踞涅瓦河岸上的伟姿，颇为壮观。那是沙皇身后人们特为安置的。这对石狮仿佛是在为彼得大帝的小木屋守护。石狮的底座刻有来自中国吉林市的字样。

流经圣彼得堡的涅瓦河，1753 年

此外在彼得堡远郊的奥兰宁包姆（今称罗蒙诺索夫城），也建有一座"中国宫"，系 1762—1768 年建造。

冬宫"中国文化艺术厅"里文物荟萃

建于 1754—1762 年的皇宫又称冬宫，后辟为埃尔米塔日博物馆。

全馆分为 6 个部，在"东方国家文化艺术"部里设有"中国文化艺术厅"，占 13 个陈列室。收有几代沙皇精心搜集的大量中国艺术品：从元代至清末的各种瓷器，从明代至清末民初的各种漆器、珐琅器皿、景泰蓝，20 世纪初的彩色泥塑民间玩具、剪纸、年画，各个朝代的石刻、木雕艺术品，17 世纪的宫廷用漆雕大屏风、红木家具以及各式各样的文房四宝。很有意思的是御药房里那只

圣彼得堡的埃尔米塔日博物馆 (冬宫)

中国大陶罐，据说明，那是彼得大帝订购的。还有一副漆雕大屏风，计有 6 折 12 扇，展开来总长 720 厘米，高 280 厘米，系双面雕，一面为花鸟，另一面是宫廷人物生活场景。宫中所藏公元前 5—3 世纪的中国丝织品和丝绣，数量也不在少数。有的是考古发掘得来的。

"古钱币"部则有中国古钱币约 3 万件，大量是春秋战国以来的铜钱（600 枚左右）、银元宝和金元宝；纸币 3.5 万张，其中 13 张元代的纸币极为珍贵。

在"博物馆"分部——缅什科夫宫（建于 1710—1720 年）挂有中国名贵的"缂丝"壁毯，其画面是龙凤呈祥。当年缂丝在中国是非卖品，是由少数能匠专门织造出来供宫廷装饰的，可见那是由中国皇帝赠送的。那些贴墙布的来历更不寻常，其中颇有趣闻。彼得大帝在位时，为尝试同中国建立联系，于 1719 年特派伊兹迈洛夫船长到中国考察商贸关系，后者到达后很喜欢贴墙布，便大批订购。据说中国皇帝得知那是为沙皇而订购的，立即降旨由最优秀的工匠进行制作，而且免费赠送。运回去后就用这批贴墙布装饰了彼得大帝的夏宫，后来那些贴墙布又转用于彼得宫和缅什科夫宫。

图理琛出使俄国

18 世纪初，康熙五十一年（1712），内阁侍读阿颜觉罗·图理琛一行四人出使，经西伯利亚前往伏尔加河下游慰问土尔扈特

阿玉奇汗。自五月二十日起程，到达目的地后，于康熙五十四年
（1715）三月二十七日回京，历时近三载。虽然不是直接出使
俄国首都，但大部分行程和时间都在俄罗斯，而且经过俄国国
境时都由俄方官员迎候接待，派兵员护送。托博尔斯克总督还
派员向沙皇报告，彼得大帝并有回话问候。因而图理琛此行也
可以说是出使俄国，他是中国官方派遣的第一个到达俄国境内
的人。

　　土尔扈特原是我国西蒙古（又称厄鲁特蒙古）的一个部，游
牧于塔尔巴哈台（在额济纳河的北面）一带。17 世纪 30 年代西迁
至伏尔加河下游。该部虽然远离祖国，但与国内的联系始终未断。
图理琛此行，除了亲慰中国部众、增进中俄之间官方和民间的友
谊之外，还有重要的文化交流意义。他对俄罗斯做了全面考察，
归国后形诸文字，在国内流传介绍，促进了中国人对俄方的了解。
同时，他从进入俄境开始，每到一地必宣传中国，内容包括历史
和地理环境、古代文化、当时清廷的官制和典章制度、皇帝家族
和宫廷生活、农牧物产、渔猎骑射、汉满蒙藏民族民情风俗，以
及清政府对边疆民族和邻国的修睦政策。由于他卓越的宣传才能，
以至俄国官员向沙皇报告称图理琛为"天朝使者"，"知识高明"。
图理琛等也极为注意自身的言行，以显示"天朝使者"的风度。
他们遵循临行前康熙皇帝的训旨："尔等随役，不可无礼妄行，须
严加约束。""尔等须庄重行事，不可轻于戏谑。若馈赠送尔等物，
毋据收受，必须再三却辞。"彼得大帝则回话嘱令托博尔斯克总
督等下属官员："尔等须当钦敬护送至阿玉奇处，一应马匹不可延

误。"所以图理琛每到一处都受到隆重的欢迎，地方官"排兵列帜，鸣炮放枪，鼓吹迎接"，各地无不给予礼遇。可以说图理琛也是友谊和文化的使者。

图理琛回国后，"因述其道里山川、民风物产，以及应对礼仪"，于 1715 年撰成《异域录》一书。这是第一部中国人写的旅俄游记，全书约 3.5 万字，内容丰富，描述生动，涉及俄邦诸情况，为我国人士闻所未闻，所以极受重视。清朝官修《一统志》《四裔考》诸书几乎全文采录，后又编入《四库全书》。清咸丰八年（1858），刑部主事何秋涛任翰林院编修，在编纂八十卷本《朔方备乘》时，把《异域录》分成上下两部分，编入第四十三和四十四卷之中，名为《考订异域录》，并在第六十八卷中收入图理琛使俄后所绘《异域录俄罗斯图》一幅示意地图。

俄国方面同样重视这部著作，曾几次译成俄文。在《异域录》成书后半个世纪，汉学家罗索欣（1707—1761）将其译成俄文，题为《1714 年前往伏尔加地区晋见卡尔梅克汗阿玉奇的中国使团旅俄记》，发表在海参崴的《每月文汇和学术业务消息》1764 年 7—11 月号上，全文 226 页。后来，与罗索欣同时代的汉学家列昂季耶夫（1716—1786）也译出另一种稿本，题为《中国使者图理琛赴见卡尔梅克汗阿玉奇旅行记》。19 世纪初，又有卡缅斯基（1765—1845）的译本，题为《使者图理琛穿越俄境札记》（手稿）。

东正教派团常驻北京中俄两国建立正式关系，特别是中俄签订《尼布楚条约》（1689）之后，双方均派有特命全权大臣进行交涉、谈判。康熙皇帝 1712 年派遣图理琛等前往抚绥土尔扈特部时，作为交换条件，彼得大帝提出要求，派出修士大司祭列扎依斯基的教士团，陪同图理琛一行于 1715 年到达北京。这就是第一届东正教驻北京传教士团。在雍正六年（1728）中俄签订《恰克图条约》之后，便把派遣东正教使团来京一事通过条约规定制度化。教士团定员 10 人，其中 4 名神职人员、6 名世俗人员（包括随团医生和学员），定期每 10 年轮换一届。驻地为北京东江米巷（后改名东交民巷）称为"俄罗斯馆"，又称"南馆"。

1910 年的东交民巷俄国使馆

此前，中国军队于 1683 年在黑龙江地区的雅克萨（今阿尔巴津）与俄军交战得胜，俘获一批俄国哥萨克军士，大部分遣返俄国，小部分带往北京，安置在北京城东北角的胡家圈胡同，是为"北馆"。他们被编入清代的八旗组织，为镶黄旗满洲第四参领第十七佐领，时称"阿尔巴津人"。并划出一处庙宇，供他们做宗教祈祷之用，俄人称"尼古拉教堂"，中国人称之为"罗刹庙"。

俄罗斯东正教驻北京传道团中的阿尔巴津人在举行祈祷仪式

东正教驻北京传教士团在华活动近250年（1715—1956）换届20次，其作用在十月革命前兼有传教、外交和文化交流三种功能。

他们之中每一届人员居留中国至少10年之久，有的人连住几届，最多的长达33年。他们来时的使命明确，就是学通语文、了解和搜集资料以便研究中国。久而久之，条件成熟，加以个人的努力，有些人自然成为专业人才。

传教士团成员所做的文化交流是双向的。一方面学习汉、满、藏、蒙文，另一方面受聘担任教职，反过来教授中国人俄文和拉丁文。

在传递国情上也是，一方面，让中国人了解俄国国情和文化，首先是东正教文化。与宗教活动有关的书籍如《马太福音》《圣

礼书》《日课经》《八重赞美诗》《教
义手册》《教会成语》，直至《新约》
等都由他们译成汉、满文，还编成《俄
中神学与教堂用语词典》《俄汉口语词
典》《中俄音调词典》等。东正教的一
切习俗包括教堂建筑都通过他们的活动
而首次展现在中国人面前。与此同时，
他们也传播了俄国的风俗与民情。他们
的译作同时还流传到使用汉字的国家，
如日本、朝鲜。

　　另一方面，中国的文化典籍，从《论
语》《中庸》到《大清一统志》《元史》
和《通鉴纲目》的部分内容等，都由传
教士团首次译成俄文，也是由他们首次
编成了《汉俄大辞典》。在开展中国研
究的教俗人员中，有一批人成为有名的
汉学家。其中有俄国第一批汉、满文教
授丹尼尔·西维洛夫、沃伊采霍夫斯基、
斯卡奇科夫、查哈罗夫、佩休罗夫；早
期的汉学家罗索欣、列昂季耶夫、弗拉
迪金、卡缅斯基、巴拉第、瓦西里耶夫
和俄国汉学奠基人比丘林。

俄国汉学奠基人比丘林

清政府开办"俄罗斯文馆"

清政府在为俄国学员设立"俄罗斯馆"后，又开设了"俄罗斯文馆"（康熙四十七年，1708），这是中国历史上第一所俄语学校，系由康熙皇帝倡议和下令成立的。以往在中俄两国的交往谈判中，清政府依靠来华的西方传教士和俄国商人当翻译。随着中俄的外事来往日增，亟须培养中国人自己的翻译。康熙皇帝乃决意开办学校，首届学生 68 人，从八旗子弟中征选。在俄国商团驻地俄罗斯馆内支搭席棚，由俄国商人任教习。以后校址曾迁往左翼马市西北大佛寺内。

为使师生安心教学，自康熙五十年（1711）五月初一起，政府"按月每人给钱两千"，增加师生一份钱粮；并决定学生在学期间，"每人授给一职，免得俄文学生无一正途，不肯勤学"，自此他们可免后顾之忧。

康熙五十五年（1716），该校由隶属于内阁典籍厅升级，改属内阁管辖，更名为"内阁俄罗斯文馆"。校址迁到东华门外北长街，俗名北池子。

俄罗斯文馆从 1708 年至 1862 年共经办 154 年。北京故宫博物院清内阁大库现尚残存乾隆、嘉庆、道光三朝的俄文档案 19 本，以及道光、咸丰、同治三朝的《筹办夷务始末》及《清季外交史料》所收录的俄国外交文件中译本。这些档案资料，无论俄译汉或汉译俄，译文流畅通顺，基本上忠实地表达了原件的内容和精神。如有确凿证据可以证明这些译文确系出自俄罗斯文馆毕业生之手，则该馆的教学成绩就相当令人满意了。

三 19世纪的中俄文化交流

两国的文化交流在 19 世纪趋向热络，交流涉及人员、图书、资料，直至思想观念各个方面，尤其是文化作品的翻译和评介。不过也有不足，即偏重单向交流，更多的是俄方对中国文化的引进和接受。

人员来往和图书交换

俄国派员来华的行动日益频繁已如前节所述。

比较起来，中国赴俄的外交人员不如俄国来华的多。同文化交流活动有关且有记载可查的如著名学者兼外交官洪钧，光绪十三年（1887）为出使俄德奥和（荷）四国大臣。洪钧在使俄时，曾参阅俄人贝勒津（伊里亚·尼古拉耶维奇·别列津）所译波斯学者拉施达的著作《编年史文集》和亚美尼亚人多桑等人的蒙古史著作，从而充实了对元史的研究，写成《元史译文证补》三十卷。

中国其他的官员，如斌椿，在同治五年（1866）赴俄至彼得堡观看"演剧两次"。公使郭嵩焘的译员张德彝也有记述于光绪

郭嵩焘

五年（1879）在俄国皇宫观看芭蕾舞。稍后，光绪十四年（1888）则有户部主事缪荃孙在彼得堡参观过格致学院、阿喀接密亚绘画和古今列国书库（按戈宝权推测为俄国科学院、美术学院和图书馆），并见过汉学家瓦西里耶夫。另一位使者王之春，在《使俄草》中写到光绪二十一年（1895）在彼得堡皇家大戏院看过舞剧《鸿池》（即《天鹅湖》），参观图书馆时见到有《西厢记》《红楼梦》等中文藏书。

《天鹅湖》表演中的一幕

还有一个重要人物是洋务派首领李鸿章（1823—1901），以他为首的出使俄国代表团，于1896年赴莫斯科参加沙皇尼古拉二世的加冕典礼。在使俄期间，还参观了下诺夫戈罗德举行的全俄工业与艺术博览会和莫斯科的盲人学校（有盲人作家爱罗先珂在场）。他的参观活动在俄国人的书中也有所反映，如参观博览会就在高尔基的长篇小说《克里姆·萨姆金的一生》中被描写到。但观看歌剧时，据汉学家阿翰林的文章所记叙，李鸿章听不懂歌剧，当演员在台上引吭高歌时，他在台下吓得站起身来就跑，说："这样刺耳，就跟老虎叫似的！"

李鸿章

尼古拉二世

爱罗先珂画像，东京国立近代美术馆藏

高尔基像，美国国会图书馆藏

官方正式的文化往来中重要的一项是相互赠书。19世纪中叶，先是由清政府应俄国政府之要求，于道光二十五年（1845）将北京雍和宫所藏佛教重要经典《丹珠尔经》800余册赠送对方。不久，俄国政府回赠一批书籍，送交清政府理藩院。据何秋涛《朔方备乘》中《俄罗斯进呈书籍记》所载，俄国政府"乃尽缮俄罗斯所有书籍来献，凡三百五十七号，每号为一帙，装饰甚华，有书有图"，"考其中言彼国史事地理武备算法之书十之五，医药种树之书十之二，字学训解之书十之二，其天主教与夫诗文等类仅十之一而已"。由于当时能看懂俄文的人比较少，这批书先存理藩院，后移存方略馆、总理衙门等处。[1] 据我国学者戈宝权的查考，那批书现只存书名，而书多已散失。从目录中我们可以知道，"在文学方面，有俄国十八世纪和十九世纪初叶的重要作家如德尔日费英（杰尔查文）、底米忒里（德米特里耶夫）、柯里噜幅（克雷洛夫）、喀拉马星（卡拉姆津）、普氏（普希金）、格氏（果戈理）等人的文集，此外

克雷洛夫画像，藏于特列恰科夫美术博物馆

果戈里

---

[1] 戈宝权：《谈中俄文字之交》，见周一良主编《中外文化交流史》，河南人民出版社，1987年版第549页。

尚有《俄国名家丛文》16本、《俄罗斯文人百家传》两本等，惜书名及著者不详，可能都是当时俄国名家的著作"。[1]

俄国早期参与对华文化交往活动的除了东正教教会外，还有：①圣彼得堡皇家科学院（1725年创办）。除直接领导亚洲博物馆外，它还对东正教驻北京传教士团，以及喀山大学东方系等与华有关的单位进行业务指导。②俄国研究中亚和东亚委员会。据1899年在罗马举行的第十二届国际东方学家大会的决定，于1903年设立，由俄国协调。目的是研究中亚和远东历史学、考古学、语言学和民族学，实际上主要从事对中国西北部的考察。委员会由科学院、

位于圣彼得堡的皇家科学院总部

① 戈宝权：《谈中俄文字之交》，见周一良主编《中外文化交流史》，河南人民出版社，1987年版第549页。

考古委员会、地理学会、宫廷事务部、外交部、陆军部、财政部、国民教育部派员组成。③大学东方系研究所（室）。如喀山大学（1837 年成立汉语教研室）、彼得堡大学（1855 年成立东方系，设满汉语教研室）、东方学院（1898 年在海参崴即符拉迪沃斯托克成立）等。①

比丘林与俄国汉学的形成

从 18 世纪初起，就在驻北京的俄国传教士团内萌发了早期的汉学，出现了一批研究中国有成绩的人才，比丘林便是其中的代表人物。

比丘林（1777—1853）原为喀山一所修道院院长，后到伊尔库茨克为升天修道院主持人。1807 年担任东正教第九届驻北京传教士团团长，于 1808 年 1 月到达北京，从此开始了研究中国的生涯，后来成为俄国汉学的奠基人。

他们初到中国即倾全力学习汉、满、蒙古文，当时最大的困难是缺乏教科书和汉俄辞典。于是比丘林开始编纂辞典。为了搜集生动的口语词汇以作为辞典的基本词汇，他穿上中国服装到市场和店铺里去，询问和记录一些物品的名称，标出读音。比丘林先后编成 6 部辞典。除《汉俄辞典》外，大部头的还有《汉俄语音字典》，共 9 卷，此书费去他许多心血，先后重抄有 4 次，还

---

① 中国社会科学院文献情报中心编：《俄苏中国学手册》上，中国社会科学出版社，1986 年版第 103~106 页。

依据《康熙字典》做仔细校订，最后根据发音按俄文字母顺序排列，重抄成 9 卷。此书在他去世后的 1922 年才印行。

在北京逗留 14 年期间，他搜集了大量文献资料，1821 年回国时所带文物材料重达 6.35 吨，其中仅汉、满文的中国书籍就有 12 箱，全部文献书籍分由 15 头骆驼驮运。研究范围涉及中国哲学、经济、政治、伦理、民族以及风土人情，研究和著译的成果可以构成整个的百科系列。1826—1834 年出版了他翻译的《西藏志》《蒙古纪事》《准噶尔和东土耳其斯坦志》《北京概览》《成吉思汗家系前四汗史》《三字经》《西藏和青海史》《厄鲁特人或卡尔梅克人史概述》，还发表了他写的文章《中国皇帝的早期制度》《中国农历》《中国教育观》《中华帝国统计资料》《中国国民粮食计量单位》《由孔夫子首创，其后由中国学者接受的中国历史的基本原理》等。主要著作为《中国，其居民、风俗、习惯与教育》（1840）、《中华帝国统计概要》（1842）和《中国的民情和风尚》。

由于成绩卓著，比丘林于 1828 年当选为俄国科学院东方文学和古文物通讯院士。

此外，他还开办汉语学校培养汉学人才。1831 年起在恰克图开办第一所汉语学校，并担任教师，至 1838 年返回彼得堡。该校办学 30 年，培养了大批汉语人才，是他促进了俄国汉学的最终形成。此时已出现有多方面研究成果的汉学家；汉学成果也不局限于翻译，而是翻译与研究并重，况且教学基地和研究方法业已成型。

普希金向往中国

俄国知识界，不但汉学家，而且作家中也有人向往中国。普希金（1799—1837）就是突出的一位。

诗人毕生对中国都有好感，起初主要通过法国、英国、德国等国的文字著述了解中国。在他的藏书中，有关中国的书籍就多达82种。他在皇村学校求学时，受到皇村的园林、亭台、小桥等中国氛围的熏陶。他在当年的长诗《鲁斯兰与柳德米拉》中写出了中国式的大花园：

普希金像

"在那迷人的田野里 / 五月的清风徐徐送爽 / 密树枝叶微微颤动 / 中国夜莺婉转歌唱。"后来，他在创作中一再写到中国，尤其是在其代表作长诗《叶甫盖尼·奥涅金》中，为了塑造第一个"多余的人"的形象，诗人让主人公经受东西方文化的熏陶，先是去看了彼得堡上演的中国题材大型芭蕾舞剧《韩姬与陶》，以致归来后主人公眼前几次出现有关的场景："舞台上，魔鬼、恶龙、爱神，还在跳跳蹦蹦，吵吵嚷嚷"，[1] "还有那些中国人、神仙、蛇怪"，[2]

---

① 《普希金全集》俄文版，第6卷第14页。
② 同上，第548页。

等等。后又让主人公做有关文化传统的思考："〔孔夫子〕中国的圣贤／教导我们尊重青年／〔为防止他们迷途〕／〔不能急着加以责难〕／〔只有他们肩负着希望〕／〔使希望……〕。"①

　　普希金后来深受其朋友汉学家比丘林的影响，对中国的理解日益加深，向往中国的热情也日益升高，在1828年12月30日写的《致友人》一诗中已流露出要来中国的心声：

　　　　出发吧，我已准备好，朋友们。

　　　　不论你们想去哪里，我都将紧紧跟随，

　　　　跟着你们……到遥远中国的长城脚下。

　　诗中的"朋友们"即指比丘林等参加即将于1830年3月组团前往中国考察的成员。果然，在写完这首诗的8天后，普希金正式向沙皇政府提出申请："我现时还没有结婚，也没担任官职，我想到法国和意大利旅行，如若不能获准，我想申请允许我随同前往中国的使团访问中国。"沙皇政府向来限制普希金的活动，这次也没能获准，诗人没有实现他的理想。但他的热情却未衰减，仍然继续关心中国。使团出发3个月之后，他仍在阅读《中华帝国概览》等书，并且在他所编辑的《文学报》上刊登比丘林等人考察中国的报道，或摘登他们写回去的信札，起到了介绍中国新情况的作用。

　　值得一提的是，诗人参与编辑的《文学报》在1830年元旦专刊上发表书评，介绍了比丘林翻译的《三字经》俄文本（1829年

---

① 《普希金全集》俄文版，第219~220页。〔 〕内字为普希金后来自己删去的。

在彼得堡出版）。长篇书评热情评介《三字经》是"三字圣书""简明儿童百科全书"，"语言简练但内容充实，用语朴素而含义深刻"。

评论中对于俄译本详细的注解极为肯定，并对译者深广的中国知识充满敬意，特别引出《三字经》开端的三个四行诗节，以醒目的字体排版："人之初，性本善。性相近，习相远。苟不教，性乃迁。教之道，贵以专。昔孟母，择邻处。子不学，断机杼。"并指出最后一节四行诗所含典故如不做解释，俄国读者将不甚了然。因而译本的注释，包括"孟母三迁"的故事，恰恰有助于理解中国（孟母）的教子之道："择友而处，择邻而居。"增加注释使比丘林的译本更具学术权威性。可以说，普希金对《三字经》在俄国的流传曾经起了促进作用。

王西里与世界第一部中国文学史

1837 年，喀山大学东方系设立汉语教研室，此举在俄国汉学史上具有里程碑的意义。它标志着两个转移：一是汉学基地由北京的传教士团转移到俄国国内；二是汉学教育由个别汉学家（罗索欣、比丘林等）开办普通学校转移到高等学校，使汉学人才具有高等教育水平。

1851 年 1 月 6 日，瓦·瓦西里耶夫（1818—1900）正式被聘任为喀山大学汉、满语教授，算是俄国汉学界的大事，此时，汉学教学和研究中心最终形成。

瓦西里耶夫，中文名王西里，1837 年毕业于喀山大学历史语

瓦西里耶夫（王西里）

文系东方语言科，1840年作为第十二届教士使团学员到北京，居留10年，学通汉、满、蒙古、藏语，此外还通晓日、朝、突厥语和梵文，学识渊博，兴趣广泛。从1851年起，先后在喀山大学（5年）和彼得堡大学（45年）东方系任教授共50年，为俄国培养了大批汉学家。他的研究涉及历史、宗教、地理、文学，发表著、译几十种，还有大量手稿（存档可查的有140种）。主要著作为：《佛教教义、历史、文献》（三卷，1857—1869）、《10—13世纪中亚东部的历史和古迹》（附《契丹国志》和《蒙鞑备录》译文，1857）、《东方的宗教：儒、释、道》（1873）和《中国文学史纲要》。他成绩卓著，于1866年当选为俄国科学院通讯院士，1886年升为院士，是俄国历史上第一个中国文学研究领域的院士。

圣彼得堡大学

他早在北京留学时就开始接触中国文学，竭尽全力搜购各种图书，每购到一本必先仔细阅读，回国时带去汉、满、藏、蒙古文书籍 849 种共 2737 册。因而他一回国就能立即开设中国文学史课。

1880 年出版的《中国文学史纲要》讲述的内容包括三部分。一、二部为儒释道诸子百家的典籍，以及农书、兵书；第三部是诗歌、小说、戏曲。从现代的概念来看，它更像是一部中国文化典籍史。

"纲要"介绍文学的篇幅虽然不长，却能对"美文学"做出全面、历史的评介，而且脉络清楚，有不少精辟的论断。

作者分类介绍了中国的诗、文。从《昭明文选》《文苑英华》《两都赋》《盛京赋》等，直至"诗体小说"即弹词《锦上花》《再生缘》《来生福》，还有"小型百科全书"《三字经》以及《千字文》等都一一谈到。他盛赞中国诗的繁荣，说"如果我们（指俄国人）了解并且高度评价普希金、莱蒙托夫、科里左夫的一些短诗，那么中国人在绵绵两千年里出现的诗人，那样的诗他们就有成千上万"，当然这里只需挑出"司马相如、杜甫、

瓦西里耶夫著俄文版《中国文学史纲要》封面

莱蒙托夫画像

李太白、苏东坡等等"来做例子。

他译介《风》《雅》《颂》的片段做例，阐释三类诗的内容及特点，提出毛承、欧阳修、孔颖达甚至朱子(熹)的注解值得商榷。他认为《诗经》就是一部民间诗歌集，并且希望"如果有人对中国今日的民歌也加以注意，那将是很有意义的……在中国各个地区，必定存在着富有地方色彩的歌谣"。这种看法在当年实属远见，在中国直到五四运动前后才有人提出来。

《中国文学史纲要》在评述中国戏曲和小说时还追溯历史，提出"其源头可能也是外来的"，"但是无论在戏剧还是小说的领域里，中国人都不是单纯的模仿者，这是一个一贯保持着独立自主精神的民族，对一切异邦和外来的东西，他都以自己的眼光加以检验，以自己的方式加以改造——因此戏剧和小说总是呈露出中国的精神，表达着中国人自己的世界观"。他推崇《西厢记》，"如此完美的剧本，在欧洲也不多见"。他也注意到，"如同欧洲一样，中国也善于把历史和小说改编成戏剧，例如《三国志》《红楼梦》就被改编过"。

评价中国小说是《中国文学史纲要》的一个重点。它分类论述，广泛涉及中篇小说诸如《列侠传》《搜神记》《太平广记》《聊斋志异》、章回小说《水浒传》《红楼梦》《金瓶梅》甚至《品花宝鉴》及近代的《好逑传》等等，还有历史演义《开辟演义》《列国》《齐国演义》《战国》《三国志》等等。它特别重视《红楼梦》和《金瓶梅》，认为"只有长篇小说……才能使我们充分了解当时的生活"，而《好逑传》"这类小说则很难反映中国的现实生活"。

他对看重的作品都认真介绍原作，或大量译介原文引作实例，如《诗经》；或编写故事梗概插入书中以供了解，如《西厢记》《红楼梦》《金瓶梅》。这种办法更便于读者了解他们所不熟悉的中国文学，对后代学者也有借鉴意义。总之，这是世界上第一部中国文学史，这也是它最宝贵的价值所在。

中国文学作品的俄译和收藏

俄国虽然早就注意中国文学，但在 18 世纪的 100 年里只有零星的几篇文学译作。即便在 19 世纪，译介的文章或论著也仅 50 种，其中翻译作品约占 32 种，评介文章和论著 18 种。[①] 翻译作品中知名的如 1827 年出版的《玉娇梨》（片段），1832 年出版的小说《好逑传》，1843 年发表的《红楼梦》第一回，1847 年出版的《琵琶记》，其他多是一些诗歌、笑话或民间故事及传说。到 19 世纪后期才译介古典名著《聊斋志异》中的若干篇，如 1878 年《新作》杂志上的《水莽草》，还有 1883 年（王西里）翻译发表的《阿宝》《庚娘》《毛狐》等 5 篇，1894 年发表的《李娃传》。当然，俄译诗文中也有唐代诗人王勃的《滕王阁序》（1874 年发表）这样的名篇。不少是从其他欧洲文字转译的。《玉娇梨》即译自法文，有些诗译自德文，《好逑传》则是先有英译，转成法译后再译成俄文。可见 19 世纪中国文学作品在俄国流传

---

① 据彼·叶·斯卡奇科夫：《中国书目》，莫斯科，1932 年版第 465~474 页，并参阅该书 1960 年版第 497~552 页做的统计。

的范围还是很有限的。

传播中国文学的另一途径是汉学家写的评介文字。如《俄国皇家地理学会学报》从 1868 至 1872 年的 5 年中，每年都有一篇《中国文学新闻》（北京通讯）。《东方评论》1890 年第 6 期发表汉学家阿·伊凡诺夫斯基在俄国皇家地理学会东方部博物馆的讲稿《中国人的美文学：小说、章回小说和戏曲》等。这类文章虽然不长，却因是登在刊物上，能让更多的人了解中国文学。俄国的一家主要杂志《祖国纪事》1843 年第 26 期发表的随笔《中国纪行》及文中所附《红楼梦》头回片段的译文，就曾引起著名文艺批评家别林斯基的赞赏并加以评述。[①]

俄国向来重视收藏中文图书。1727 年瑞典人洛伦茨·郎格受俄国政府雇用出使中国，带回去汉、满文书籍 8 套 82 本。这成为俄国科学院图书馆的第一批中国书籍。后来该馆发展为闻名世界的汉学书库"亚洲博物馆中国部"（今为东方学研究所彼得堡分所）。

俄国所获中国图书主要是靠传教士和外交使团人员的搜购。如王西里在《圣彼得堡大学东方书籍简介》中不无自豪地谈到该校图书馆的满文类藏书已"囊括了用这种文字出版和写作的全部书籍"，"因为在清朝首都对满文的注意已经减弱到如此程度，以至于书商认为满文书无利可图而当作汉文书的衬纸"，这为他搜罗齐全提供了方便。第十三届使团学员，曾任帝俄驻天津、塔城

---

① 博格拉德、李福清：《俄国汉学家德明，他的〈中国纪行〉和〈红楼梦〉部分译文》，载《亚非人民》1983 年第 6 期第 78~87 页。

以及中国各开放港口领事的斯卡奇科夫（孔琪庭，1821—1883）三次在华都搜集各种书籍、资料情报，"其收藏汉籍善本之富，为当时俄国之冠"，包括有大量公文、日记、手稿（现均存列宁图书馆）。再则是高校派人专门到中国购书。海参崴东方学院在1899年建校的当年就派出亚·格列比翁希科夫和彼·施密特教授在内的一批人到沈阳大量购置汉、满文图书。该校叶·斯帕里文教授在1910年编成出版的《东方学院中国图书编目》就展示了该学院所藏中国书籍之丰富。

诸子百家的早期俄译

19 世纪俄译诸子百家作品已初具规模：

①《大学》。最早有阿列克谢·列昂季耶夫译的《四书解》，由汉文和满文译成俄文，1780 年出版。内有康熙帝的"前言"之俄译、《大学》的译文并注释。还译出《大学·大学注》，载《科学院消息》1779 年 5 月第 11 期。该译文后又以《大学，或包含中国高级哲学的大科学》为题收入《爱说真理，或圣人的袖珍本》一书中，1801 年版。

②《中庸》。最早的俄译本是《忠经》（或称《论忠的书》），由俄罗斯帝国外交委员会译员阿列克谢·阿加封诺夫于 1784 年译于伊尔库茨克（在开辟该总督区时），于 1788 年出版。还有阿列克谢·列昂季耶夫的《中庸，即确定不移的法则——摘自中国哲人孔子的传说》，译自汉文和满文，圣彼得堡 1784 年，内

有《中庸》的译文及注释。还有一种题为《中间和忠实——孔子弟子的圣书》，由德·科尼西译自中文并注释，载《哲学和心理学问题》杂志 1896 年第四册。

③《孙子》。最早的译文是格里鲍夫斯基由法文转译的《谋攻篇》，载《近卫军司令部出版军事》杂志 1818 年第二册。

④《论语》。最早的译文是王西里院士的译注，1884 年版。波波夫译注的《孔子及其门徒的格言》，1910 年出版。

⑤《孝经》。德·科尼西译。题为《论孝敬父母的书》（节选），载《哲学和心理学问题》杂志 1896 年第三册。

⑥《孟子》。最早的译文是波波夫译《中国哲学家孟子》（译并注），1904 年版，书中先有孟子传略，接着是译文和注释，选译第一、二、四、五、六计 5 篇。

⑦《韩非子》。最早的译文是阿·伊凡诺夫的《中国哲学资料，引言，法家，韩非子》，1912 年版。包括韩非子传、其学说分析及《韩非子》译文，并附原文和索引。

⑧《道德经》的翻译。老子为诸子中在俄国最受重视的一家，投入翻译和研究的力量也多，不亚于《论语》。

早在沙俄时代，汉学家丹尼乐（西维洛夫，1798—1871）就已译出《道德经》，1915 年由喀山大学教授扎莫塔依洛以《丹尼乐（西维洛夫）档案资料中未公布的（道德经）译文》为题予以发表，载《敖德萨图书志学会通报》1915 年第四卷第五、六册。文中注明"据喀山大学手稿，系原作第一至四十六章的俄译文"。较西维洛夫译得晚，但发表得早的德·科尼西教授所译《道德经》，载《哲学与心理学问题》杂志 1894 年第三册。

苏联时代较为流行的是杨兴顺的译著《中国古代哲学家老子及其学说》，1950 年版。书中收有《道德经》的原文和俄译。该俄译文还曾节选若干片段分别收入《古代东方史文选》和《中国文学文选》两书中。

值得特别提出的是著名作家托尔斯泰曾亲自编选老子的论述并写文章评介。

托尔斯泰所理解的儒道思想

中国文化引起俄国著名作家托尔斯泰的特别关注。

1891 年 11 月，彼得堡一位出版家写信询问托尔斯泰，世界上哪些作家和思想家对他影响最大。他回答说中国的孔子和孟子"很大"，老子则是"巨大"。[①] 他在 1884 年 3 月 27 日的日记中提道："我认为我的道德状况是因为读孔子，主要是读老子的结果。"不但如此，他还写过《论孔子的著作》和《论〈大学〉》等文。他在前一篇文章中说："中国人是世界上最古老的民族，中国人民是世界上最大的民族……他们不想占有别人的东西，他们也不好战……因此，中国人是世界上最爱好和平的民族。"[②]

从托尔斯泰的书信、日记和文章中还可以看出他也读过孟子、墨子等人的著述，从 1884 年到 1910 年将近 20 年中托翁共写过和

---

① 《托尔斯泰全集》（俄文版）第 66 卷，第 68 页。
② 《托尔斯泰文集》第 15 卷，人民文学出版社，1989 年版第 71 页。

编辑过将近 10 种有关中国哲学思想的著作或论文。[①] 在其编选的《每日贤人语录》和《阅读园地》中，曾引用了大量中国的格言、谚语以及诸子百家的言论。

列夫·托尔斯泰

有趣的是托尔斯泰曾亲自动手翻译了老子的言论，此事已传为文坛佳话。他从 1884 年起就动手摘选和翻译《道德经》，主要从法译本并参照德译本转译。他边读边译边研究，断断续续经过 10 年完成。译作于 1910 年由媒介出版社印行，书名为《列·尼·托尔斯泰编选，中国圣人老子语录》，主要部分是老子言论摘选（共选入 64 段语录），附有两篇论文，一为托尔斯泰写的前言《论老子学说的本质》，一是伊·戈尔布诺夫—波萨多夫写的短文《关于圣人老子》。托翁去世后，1913 年又出版一个经别人整理的译本，书名是《老子〈道德经〉》或道德之书，列·尼·托尔斯泰编，京都大学教授丹·彼·科尼西译自中文，谢·尼·杜雷林增补注释。鉴于当年许多汉学家的译稿都未及发表，仅

---

① 戈宝权：《中外文学因缘》，北京出版社，1992 年版第 108 页。

列夫·托尔斯泰私人藏书，其中就有《老子——中国之光》（左一）

仅作为手稿保存下来。而托翁的译本则能早早问世，因而可以说《道德经》在俄国的流传，早期主要得力于托尔斯泰的编译本。

从托翁本身来看，他主张"不以暴力抗恶""道德上的自我完善"和"博爱"；同他推崇孔老学说中的"仁""省身""道"和"无为"等思想恰好一致。这自然可以说托翁受到中国圣贤的影响。

退一步说，从托翁的言论中也已得到印证。他在论老子学说的本质》一文里就提到，"'道'的获得要通过节制一切个人的、肉体的东西"，"老子学说与基督学说，其实质是相同的，二者的实质在于通过节制一切肉体的东西而显示构成人的生活之基础的灵和神的本质"。显然，他已经赞同老子的学说，主张道德修养中必须节制和克服肉体的、物质的贪欲，以攀登灵的、精神的崇高境界。

在1904年由布朗热整理托尔斯泰编辑的文稿出版了《孔子：生平及其学说》一书，其中《列夫·托尔斯泰阐释的孔子学说》一文是据托翁的文章写成的。他写道："中国学说的核心是这样的：

真正的学说教育人具有崇高的善，这种善改造人，使人臻于至善。"
以下他列出七点来具体解释如何达到那种境地，"为了具备这种
善，就需要①全民族尽善。而为了全民族尽善，就需要②整个家
庭尽善。要使整个家庭尽善，就需要③本身尽善。为了本身尽善，
就要④心灵纯洁、返真。而为了心灵纯洁、返真，就要⑤有真诚
和自觉的思想。要达到这种思想的自觉性，就要⑥有高深的知识。
要有高深的知识，就要⑦研究自我。"①

对于这七点，我们都能在《大学》中找到相应的概念：①治
国平天下；②齐家；③修身；④正心；⑤诚意；⑥致知；⑦格物。
同上。足见托翁的思想正是对《大学》的接受和阐释。我们已经
查实，托翁是从理雅各所译英文本《中国经典》转译了孔子的《大
学》，而且写了《论〈大学〉》一文的。

俄国接受藏传佛教

中国的藏传佛教，也称喇嘛教，在俄国境内的传播范围，集
中在布里亚特蒙古人、卡尔梅克人和图瓦人聚居的三个边远地区，
其中主要的一支由西藏经蒙古进入布里亚特的大城市乌兰乌德后，
逐渐发展，向中心地区进发，后来竟然能够立足首都彼得堡。

布里亚特蒙古人分布在贝加尔湖沿岸地区，分成东西两大系。
藏传佛教的传播主要是在东布里亚特。17 世纪末，佛教通过西藏

---

① 参见列·佩列洛莫夫（稽辽拉）：《孔子：生平、学说、命运》俄文版第 4 章，
莫斯科，1993 年版。

和蒙古的喇嘛开始传入。到 18 世纪初，1711 年
建成第一座喇嘛庙楚戈尔庙。19 世纪有较大发
展，寺庙已增至 34 座，喇嘛数以千计。有些大
寺院相当豪华，如 1741 年建立的宗加尔寺和古
西诺奥泽尔斯克寺两座大寺院。

沙皇政府对待藏传佛教入俄，态度是很矛
盾的。其固有的政策是要在非俄罗斯族地区无
一例外地推行东正教，但是面对蒙古各部族强
劲的喇嘛教势力和影响，沙皇政府不得不采取
缓和、让步的态度，转为正式承认，让其合法化，
利用它以达到控制社会的目的，这就有了 1728
年沙皇政府颁布决定，正式承认喇嘛教合法地
位之举。1764 年，还由沙皇政府授予喇嘛教座
主班智达堪布喇嘛的封号。

俄国著名喇嘛，布里亚特蒙古人多尔日耶
夫（法号德尔智堪布，1854—1938）不远万里
在 1873 年、19 岁时就从乌兰乌德到达西藏，
在拉萨的最高神学校学习，后来被授予察尼德－
汉姆伯（喇嘛教师，即青年十三世达赖喇嘛的
老师）。由他到圣彼得堡主持兴建喇嘛庙。经
过多方奔走，筹划募款，费尽周折，才在首都
建立起宏大的佛寺，于 20 世纪初经政府允许举
行落成典礼。

哈卡斯人的萨满仪式

在十月革命前，首都彼得堡共有各种教堂和寺庙近 600 座，其中佛寺只有一座，但这却是全俄性质的佛寺，具有重要的历史意义和艺术价值，是藏传佛教在俄国最终立足的标志，又是佛教文化在俄罗斯的展示中心。

藏传佛教入俄的卡尔梅克人聚居地区在历史上属于西部蒙古，有萨满教流行。17 世纪初，格鲁派在西部蒙古传开，当时游牧在伏尔加河下游的卡尔梅克人，由于本族的王公和贵族积极提倡，纷纷改信了格鲁派——黄教。

藏传佛教入俄的图瓦地区，即历史上的唐努乌梁海，原属左翼蒙古的一部。1853 年，随着黄教进入左翼蒙古，同时也传进图瓦。

俄罗斯汉学家在 19 世纪就对佛教有所研究。著名的两位专家，一为瓦·瓦西里耶夫院士，写过《东方的宗教：儒、释、道》（1873），从总体上评介在中国以及东方国家中流行的几种主要宗教。另一位专家、瓦西里耶夫的学生伊·米纳耶夫（1840—1890）写成《佛教，研究与资料》（1887），该著作曾被译成多种欧洲文字。米纳耶夫主要研究了大乘和小乘佛经的年代学及其相互关系。

穿传统服饰的卡尔梅克人

四 20世纪的中俄文化交流

中俄的文化交流至 20 世纪进入极盛时期。前半世纪是中国人向往和引进俄苏文化尤其是革命思想。20 世纪中叶起两国积极互动，50 年代形成双向交流的洪流。之后曾有曲折，但积极的进程在后半世纪终于得以继续。

以俄为师和考察苏联

毛泽东主席说过："中国人找到马克思主义，是经过俄国人介绍的。"①

俄国十月革命后，1918 年夏，孙中山致电列宁和苏维埃政府祝贺俄国革命胜利，指出："因为有了俄国革命，世界人类便生出了一个大希望。"电文在中国报刊披露了列宁的名字。同年，上海大同书局的《劳动月刊》刊登《列宁传略》。列宁著作的最早中译文《俄国的政党和无产阶级的任务》出现在 1919 年《解放

---

① 毛泽东：《论人民民主专政》，见《毛泽东选集》第 4 卷，人民出版社，第 1470~1471 页。

与改造》和《新中国》杂志上。1924 年 1 月 24 日列宁逝世时，北
京也举行了"国民追悼列宁大会"，发行《列宁纪念册》，其中
刊载了《论粮食税》的全译文。从十月革命到 1921 年中国共产党
成立，计译载《伟大的创举》等列宁著作 10 多种。从 1921 年中
国共产党成立到 1927 年，计翻译出版列宁著作 30 多种。1927—
1937 年，中央苏区和国民党统治区计翻译出版《共产主义运动中

1897 年 2 月，列宁（中央座位者）和工人阶级解放斗争协会其他成员在圣彼得堡聚会

的"左派"幼稚病》《论国家》等列宁著作 40 余种。①

抗日战争时期，1938 年 5 月 5 日，延安成立马列学院，从 1938 年至 1942 年，延安翻译出版了《马克思恩格斯丛书》《列宁选集》和《斯大林选集》。1949 年 6 月，成立中央俄文编译局，既翻译了马列著作，也培养了俄语人才。

这样，从 1920 年 8 月在上海出版陈望道译的《共产党宣言》第一个全译本，也即马列著作中译文的第一个单行本算起，至今马列著作译介到中国来已有百年历史，"据不完全统计，20 世纪初到 1949 年，中华人民共和国成立之前，翻译出版的马列著作有 530 余种之多，包括列宁的《怎么办？》《唯物主义和经验批判主义》《帝国主义是资本主义的最高阶段》《国家与革命》、斯大林的《论列宁主义基础》"。②

Mr. F. D. Chen
Instructor in Chinese Literature
陳望道先生　中國文學教員

陈望道像，载于 1921 年的复旦年刊上

---

① 参阅戚仲伦：《中国翻译史话》，山东教育出版社，1991 年版第 73~79 页。
② 宋书声：《马列著作翻译工作纪事》，见《中共中央编译局建局四十周年纪念册（1953—1993 年）》，第 29 页。

俄国十月革命后中国便出现了
"以俄为师"的浪潮，中俄之间开始
了以新文化为内容的交流，派出留学
生、记者和各方面文化人到莫斯科去
考察。1920 年 8 月，毛泽东、何叔衡
等人在湖南发起组织"俄罗斯研究会"
和留俄勤工俭学，一批革命青年在
1921 年到达苏俄学习。中国共产党成

何叔衡

立后有一批青年秘密赴俄。孙中山实行"联俄、联共、扶助农工"
三大政策后，又派出大批青年到莫斯科进入东方大学学习。孙中
山逝世后，为表示纪念，苏联在莫斯科建立起一所以他的名字命
名的大学，即中山大学，专门接收中国青年入学。中国人留学苏

19 世纪 20 年代的莫斯科中山大学的学生们

联成为热潮。中国共产党的许多领导人和
重要干部都在这个时期到苏联学习。

最早去苏俄访问的是瞿秋白。他 1921
年初到 1922 年底旅苏两年，实地考察了新
俄罗斯的社会，采访、写作，寄回多篇通
讯在《晨报》发表，后把两年的写作编成
两本散文集：《饿乡纪程》（又名《新俄
国游记》），记叙他赴苏俄的旅程，也反
映了作者"自非饿乡至饿乡"的心情；《赤
都心史》，记述作者 1921 年在莫斯科生活
中的见闻和观感，两本书最早向中国人民
真实报道俄罗斯新貌及其艰苦的岁月。

瞿秋白

20 世纪 30 年代起陆续有一些记者访苏
并留有访问成果，包括林克多的《苏联见
闻录》（1930）、胡愈之的《莫斯科印象记》
（1931）、曹谷水的《苏联视察记》（1931）、
戈公振的《从东北到庶联》（1933）、邹
韬奋的《萍踪寄语·三》（1934）。20 世
纪四五十年代有郭沫若的《中苏文化之交
流》（1948）、茅盾的《苏联见闻录》
（1946）、周立波的《苏联札记》（1953）。

反过来也有苏联友人来华。如：传授
经验指导工作的革命者越飞、鲍罗廷、加伦，

邹韬奋

从事教学和文艺活动的文化人，有作家特列季亚科夫（中文名铁捷克）和汉学家阿·阿·伊凡诺夫（中文名伊文）。前者于 1924 年来北京大学讲授俄国文学一年，并以中国人为题材写成话剧《怒吼吧，中国！》（1933 年由上海戏剧社上演）和长篇小说《邓世华》；后者 1917—1927 年在北京大学任教，译出不少中国文学作品。此外，汉学家瓦西里耶夫曾在北伐战争时期任来华的苏联军事顾问团翻译，率先向苏联译介鲁迅的《阿 Q 正传》。[①]

20 世纪 30 年代，颇有影响的交流事件是苏联电影摄影师卡尔曼来华，他到过武汉、延安等地，写成报告文学《在中国的一年》在苏联出版。上海、南京两地举办的苏联版画展览会，展出作品 200 多幅，并放映电影《夏伯阳》等。作为交换，中国也派出文化人访苏演出和观摩，1934 年 3 月著名画家徐悲鸿访苏并在莫斯科和列宁格勒举办画展；1935 年 2—3 月电影明星胡蝶等参加苏联国际电影节，电影节上放映了中国影片《渔光曲》《姊妹花》等；1935 年 3—4 月著名京剧演员梅兰芳率梅剧团访苏并演出，在莫斯科和列宁格勒两地演出《打渔杀家》《宇宙锋》《贵妃醉酒》等京剧剧目。

由于当时历史条件的限制，活动主要是由民间文化团体组织进行的。

---

① 戈宝权：《中外文学因缘》，北京出版社，1992 年版第 120 页。

《渔光曲》剧照

1935 年著名京剧演员梅兰芳访苏合影（前排左四为胡蝶，三排右二戴帽者为梅兰芳）

中国引进苏联文学的热潮

郑振铎

十月革命后，中国人对苏联产生极大的兴趣，把译介苏联文学当作"盗天火给人类"的神圣事业。俄罗斯文学翻译的数量激增，在外国文学翻译中的比重急剧上升，并占居首位。据《中国新文学大系·史料索引（1919—1927）》中"翻译总目"的统计，五四运动以后8年内翻译的外国文学作品共有187部，其中俄国为65部，占1/3强。其他依次为法国31部、德国24部、英国21部、印度14部、日本12部……均大大低于俄国。这里仅统计单行本，发表于报刊上的还未计在内。这个阶段的翻译家，主要有鲁迅、瞿秋白、郭沫若、沈雁冰（茅盾）、郑振铎、耿济之等。

而且"苏联文学作品翻译数量也扶摇直上……高尔基成了最受欢迎的外国作家，他的作品初版数达到四十四种"，在高尔基逝世的1936年，其作品在"中国共出了三十四个版次"。[1]

---

[1] 戈宝权：《中外文学因缘》，北京出版社，1992年版第359页。

从 20 年代末到 30 年代中期，形成了"红色的十年"的世界性高潮，在中国，则从此时起"苏联文学作品和文艺理论著作冲破重重的封锁和禁令，源源不断地被介绍进来"。其作用和影响，一是"苏联文学作品以先进的世界观和革命精神、以感人的英雄形象激励着中国的读者，推动了一批又一批人走向革命"；二是"马克思主义的文艺理论，一旦为文艺界的先进分子所接受，就一直指导着中国的文学运动。苏联的文艺政策和革命文学运动对中国的文学运动也起过很大的影响"。①

当年的苏联优秀作品有如绥拉菲摩维奇的《铁流》（曹靖华译）、高尔基的《母亲》（夏衍译）、法捷耶夫的《毁灭》（鲁迅译）和《青年近卫军》（叶水夫译）、奥斯特洛夫斯基的《钢铁是怎样炼成的》（梅益译）、肖洛霍夫的《被开垦的处女地》（周立波译）等。

法捷耶夫　　　　　　奥斯特洛夫斯基　　　　　肖洛霍夫

---

① 叶水夫：《苏联文学与中国》，苏联文学学术会议发言稿，1987 年。

1970 年版俄文《罪与罚》　　曹靖华，原载《大河报》2013 年 03 月 12 日

　　抗日战争期间，继续坚持翻译苏联文学，尤其是反法西斯战争文学。在延安有柯涅楚克的剧本《前线》（萧三译）、别克的《恐惧与无畏》（愚卿译）。在大后方重庆等地，出版了"苏联文学丛书"：卡达耶夫的《我是劳动人民的儿子》、瓦西列夫斯卡娅的《虹》、列昂诺夫的《侵略》等（以上均为曹靖华译），格罗斯曼的《人民是不朽的》（茅盾译），爱伦堡的《不是战争的战争》《六月在顿河》《英雄的斯大林城》（以上均为戈宝权译）等，《中苏文化》发表包戈廷的《带枪的人》（葛一虹译）等。在沦陷区上海，有以苏商名义出版的译作，如葛罗斯曼的《人民不死》（林陵译）、西蒙诺夫的《日日夜夜》（磊然译）；还有苏尔科夫、伊萨科夫斯基等人的诗。

　　俄罗斯古典作家的名著都出了中译本，如普希金的《欧根·奥涅金》（1944，吕荧译）及罗果夫、戈宝权编的《普希金文集》（1947）、莱蒙托夫的《波尔塔瓦》（1946）和《抒情诗选》（1948，均余振译）、果戈理的《巡按使及其他》（1941，耿

济之译）和《结婚》（1945，魏荒弩译）、
奥斯特洛夫斯基的《没有陪嫁的女人》
（1946，梁香译）《智者千虑必有一失》
（1949，林陵译）。陀思妥耶夫斯基的《卡
拉马佐夫兄弟》（1940—1947）、《白
痴》（1946）、《死屋手记》（1947）、
《少年》（1948）（以上耿济之译）。
托尔斯泰的《战争与和平》（1942）、
《安娜·卡列尼娜》（1948）和《复活》
（1944）（以上高植译）及《少年时代》
（1948，蒋路译），契诃夫的《草原》
（1942，彭慧译；1944，金人译）和《樱
桃园》（1940，满涛译）等。

陀思妥耶夫斯基

　　1949 年以前，翻译作品出单行本的
总量相当可观，包括苏联文学和俄罗斯
古典文学。从 1919 年 6 月至 1949 年 10
月所译俄苏文学有 1045 种，其中：俄罗
斯古典文学 401 种，约占 40%；苏联文
学 530 种，约占 50%；俄苏两个时代的
高尔基作品有 114 种，约占 10%。

1900 年，契诃夫和列夫·托尔斯泰在雅尔塔

普希金作品流传中国一百年

普希金的《叶甫盖尼·奥涅金》手稿

俄国文学在中国流传和影响的程度，以其民族文学的奠基人普希金（1799—1837）为例，即可说明。

中国人知道普希金的名字始于1900年，由上海广学会出版的《俄国政学通考》首次提到他。1903年《上尉的女儿》译成中文，是中国首次出版普希金的名作。1907年鲁迅的《摩罗诗力说》一文在中国第一次评介了普希金的作品，涉及《高加索的俘虏》《茨冈》《叶甫盖尼·奥涅金》和一些短诗。

1937年2月10日，上海举行普希金逝世百年纪念会，盛况空前。围绕着那一次的纪念会准备了一系列活动：1936年由《译文》杂志出刊《普希金特辑》和《普希金逝世百年纪念号》各一期，两期共含普氏作品8篇。论普氏的文章12篇和插图27幅。此外，《中苏文化》《文学》等期刊，商务印书馆、光明书店、生活书店、文化生活出版社分别出版普氏的作品集，再加上上海的俄国侨民用中、俄、法、英四种文字印行了《普希金百年纪念册》，这一切使得中国在1937年前后出现了一次小小的"普希金热"。

戈宝权译普希金著作的部分版本

1947 年，以在上海隆重举行的纪念普希金逝世 110 周年的活动为开端，知识界向群众普及普希金形成潮流：

一是推出作品精选的《普希金文集》。内含抒情诗 40 首、叙事长诗 1 部、故事诗 1 部、戏剧作品 2 部、小说 3 篇，并有俄、中作家（分别为 24 人和 10 人）论普氏的文章，俄、中画家新作（分别为 32 幅和 3 幅）的普氏画像或作品插图，以及普希金作品在中国流传的情况简介。尤其是有普希金传略和生平著作年表，为读者全面了解普氏提供了方便。该书由戈宝权主编。4 年内重印 5 次，

戈宝权先生

长期流传，影响深远，不但拥有大量读者，而且成了早期普希金研究者的依据。

二是在上海重新竖立了普希金纪念碑。本来在1937年已有俄侨在那里建立了普希金铜像。但抗战期间被占领上海的日寇毁坏，抗战胜利后才重建，并得以长期保持下来，这也是在中国首次为外国作家建立的纪念碑。

三是造就了研究普希金的专家，以戈宝权为代表的普研学者脱颖而出。

两年以后中华人民共和国成立，迎来了两国文化交往的洪流。普氏作品也陆续得以大量的翻译，以空前的规模传播。但对普研工作来说更有意义的是实现了培养人才的"升级"，即在20世纪50年代让普希金进入大学课堂。高校文科系讲授"俄苏文学"课程，普希金便稳固地占有一席之地。1954—1956年北大和北京师大先后聘请苏联文学专家开讲"俄罗斯文学"，包括普希金在内的一批经典名家便永久地占领了大学讲堂。两位苏联专家都各留有《十九世纪俄罗斯文学史》讲义并且出版，而且分别培养出中国第一批俄国文学研究生。他们加上留苏回国的学生，毕业后被分派各地高校，日后便是俄文系和中文系俄国文学的骨干师资。

在 20 世纪 80 年代中期，普希金的作品已全部被译成中文，有不少作品是多次重译。据不完全资料统计，1949—1987 年，普希金作品译成中文的种类和次数，共有 448 种次（这里只包括文学作品，不计其文章、回忆录和书信）。重译的种类很多，其中单是长诗《叶甫盖尼·奥涅金》一种就重译 10 次出版，在纪念诗人 200 周年时总数达到 14 种版本。

上海普希金纪念碑

20世纪80年代以来的普希金热潮具有了新的特点：

其一，作品的翻译和出版趋于全面系统化，已知的有四项大工程。首先成形的是1995年人民文学出版社的《普希金文集》（七卷本），卢永选编，33位译者集体合作，精选抒情诗、长诗、故事诗、童话、戏剧、小说、特写和论文以及书信，计223万字，是我国出版规模最大、作品最全的普希金作品集。其译者队伍集合了我国俄文译界老、中两代的名家，无疑是一次普氏翻译力量的检阅。

其二，学术研究专业化。代替20世纪50年代那种以述评为主介绍式文章的，是一批专家学者写出的学术论文。1981年5月18—24日湖南省外国文学研究会在长沙召开全国性"普希金学术讨论会"，是我国首次以普氏为专题的学术会议，有论文40余篇。后由易漱泉、王远泽编选出22篇，结集成《普希金创作评论集》，戈宝权作序，于1983年出版。除此之外，还有一批专著也陆续出版，如王智量著《论普希金、屠格涅夫、托尔斯泰》、陈训明著《普希金抒情诗中的女性》（1993）、张铁夫著《普希金的生活与创作》（1997），2001年首次以普希金为题的博士学位论文查晓燕著《普希金——俄罗斯精神文化的象征》出版。

其三，高校教学定型化、制度化。普希金作品在大学课堂，得到定期讲授，据统计，我国设有俄文专业的高校目前有25所。1980年以前最高时曾达到近60所，而我国有高等学校1065所（1993），其中设有文科系的占1/3。这些高校每年都要讲授这类课程，年复一年，周而复始，积累下来，听过普氏作品课的学生该以千、万，甚至十万计。

终于，在 1996 年 4 月 20 日于北京大学成立了"普希金研究会"，有全国高校及翻译界 80 多位学者参加，推举李明滨任研究会会长，戈宝权、孙绳武、高莽为顾问。这是在我国首次为单个外国作家成立的研究会。

俄国的敦煌学与西夏学

20 世纪初，俄国曾派出多批考察队来华，其中，科兹洛夫队到戈壁沙漠发掘哈拉浩特古城，获得大批西夏文、汉文书籍，鄂登堡队获取大量敦煌文物。事过半个世纪，苏方自 1957 年起才组织人力进行清理，编出《亚洲民族研究所所藏敦煌写本综录》两册，第一册收录 1740 件，第二册收录 1211 件。据清理结果，全部敦煌收藏品为 1.2 万件，包括完整的卷和残页，后苏方又编成《敦煌发现的中国文书》4 册，并与我国上海古籍出版社合作，从 1989 年起陆续影印出版，至今年已在中国出齐《俄藏敦煌文献》，共 17 卷。

从整理到研究，苏方逐步形成了本国的敦煌学。著名的专家有孟列夫（1926—2005），他从 1957 年起致力于此项工作。经他整理在莫斯科出版的佛教经卷已有《维摩碎金（维摩诘经变文残卷）》和《十吉祥》（1963）、《双恩记变文》（1972）、《妙法莲华经变文》（1964）等，每本都是原作全文影印，附孟氏的俄译和注释，以供对照，也便于勘考释读。孟氏还为每个变文本写了序文，分别对与变文体裁有关的问题做出论述，为《维摩诘经变文》和《十吉祥》写的序是《论变文的种类和起源》，论析了变文韵文部分的韵律。为《双恩记变文》写的序则讨论了变文的思想内容（佛教与孝道）和结构诸问题。他并以此扩展成学位论文《报恩经变文》，于 1976 年获得博士学位。另一篇序《妙法莲华经讲经文》则论述了变文的讲唱方式和讲唱人，以及变文的词汇特点。孟列夫对变文的研究是多角度的，版本学的、古字体学的、文学史的等等；他的研究相当深入，甚至写出《公元后一千年间的中国抄书业》这样专业的文章。

孟列夫在整理敦煌文献中，还编出《中国敦煌写本·佛教俗文学文献》（影印敦煌赞文附宣讲，1963）和唐代诗人《王梵志佚诗集》（1989）。后者同我国张锡厚所编《王梵志诗校辑》（中华书局，1983）相比，多出 64 首佚诗，均系从敦煌残卷里辑录的，并引起日本学者川口元雄教授的注意而对该书发表多次评论。

著名的敦煌学学者还有克恰诺夫、楚古耶夫斯基等。

西夏古城遗址哈拉浩特（蒙语，义为"黑城"），即"黑水城"，在今内蒙古额济纳旗，1909 年科兹洛夫队在那里挖掘出的黑城文物约 9000 余件，有宋、辽诸国的儒佛道家经典，有文牍、地契、版画、民间唱本、杂字、医书、药方、历书、算命、星相术等珍本，还有元代纸币宝钞。其中，珍本如《礼记》《论语》《汉书》《新唐书列传》《广韵》《南华真经》《六十甲子歌》《六壬秘课诀》《出典土地文》等。这批独一无二的文献，对于揭开西夏历史上许多未被人知的事实，极有参考价值，对于研究中国古代文化也有无可估量的价值。

黑水城遗址

例如，关于中国古代民间文学的历史资料，其中就有我国原本已佚的民间文学珍品南宋（金）时期的《刘知远诸宫调》（残本），以及早期木刻年画《四美图》、木刻纸马《义勇武安王位》（关羽像）、《佛教三字经》等等，均系中国古代民间文学的稀世珍本。

西夏文物经过孟列夫博士的悉心整理、著录，按佛经、古籍、小说、杂文、官方文件、药方、历书等进行分类，并译释成内容提要，共有 375 品目，已编成《哈拉浩特中国文献综录》出版。它公布的是 11—14 世纪的全部汉文文献，并有孟氏的序文《西夏国汉文文献》。

至于其中占主要部分的西夏文典籍，则被搁置了许久，一直等到 1959 年从列宁格勒大学东方系毕业的克平（1937—2003）来所工作之后才动手整理。她是驻华的俄国东正教传教士团一位领班的后裔，出生于天津，长大后回俄国，虽然学了汉学专业，但同样不懂得西夏文，因而起步还得从学西夏文入手，然后才能开始整理典籍。但是她用近 10 年工夫就成了西夏学专家，先后写成《西夏语动词体的范畴》《西夏文孙子词汇与语法研究》等文章以及专著《西夏文语法》。后来连续整理出版了已失传的唐代小说集《类林》俄译本（并附西夏文影印本）和西夏文木刻复印本《文海》两卷。后一种系克平与人合译成俄文。还有许多资料有待于研究、整理、出版。目前，俄方正与我国上海古籍出版社合作影印出版《俄藏黑水城文献》，预计总数当在 30 卷以上。

苏联重视译介中国古代文化典籍

一位已写出 35 本论中国文学著作的资深汉学家——年过九旬的苏联科学院通讯院士费德林（1912—2002），在畅谈他的文学研究生涯时，深有体会地说："我一辈子从事中国古典文学研究……我认为，中国的传统文化几千年来始终没有中断过，为人类文化宝库做出了巨大贡献。中国在文学和文化方面是值得自豪的国家，中国的《诗经》《楚辞》《唐诗》《元曲》等等优秀著作是任何一个国家所望尘莫及的。"①

这种观点在世界各国有成就的汉学家中，也是具有代表性的。

中华人民共和国成立以来，古籍在国外传播广泛，以苏联为最多。迄今已译成俄文出了单行本的有：《管子》（施泰因译并注，1959）、《周易》（休茨基译，1960）、《孙子兵法》（康拉德译并注，1950）、《战国策》（克·瓦西里耶夫译并注，1968）、《商君书》（列·佩列洛莫夫译并注，1968）、《中国古代的无神论者、唯物论者、辩证法家——列子、杨朱、庄子》（波兹涅耶娃编译，1967）、《论语》（西门年科选译，1989）等。另外，佩列洛莫夫还有研究儒学的专著《孔子：生平、学说、命运》（1993）。

此外，由司徒卢威和列德尔编选的《古代东方史文选》（1963）中还收入由波兹涅耶娃所译的《春秋》《左传》《国语》《论语》

---

① 《费德林答记者问》，载《文艺报》，1989 年 7 月 8 日。

《孙子》《老子》《孟子》《墨子》《庄子》《荀子》《吕氏春秋》《战国策》《列子》等书，虽然都是摘选片段，但却是在俄国第一次全面地介绍了中国古代诸子百家，让那里的读者初次了解到中国古代传统文化的博大精深。后来东欧国家的汉学家中有人甚至间接从俄文译本来阅读这些中国文化典籍。

波兹涅耶娃教授（1908—1974）出自汉学世家，本人精通古汉语，在中国文化和文学方面造诣很深，1944 年起长期在莫斯科大学任教，对于传播中国文化，贡献极大。

苏联时期翻译的诸子百家作品中，还有一种大型选集，系科学院研究员李谢维奇（1932—2000）编选、注释的《圣贤著作选·中国古代散文》，1987 年出版。该书把古代诸子的学说分为三编：第一编是"儒学圣贤的著作"，选有《论语》《孟子》《礼记》；第二编是"道学圣贤的著作"，选有《道德经》《庄子》《列子》《淮南子》《抱朴子》《申子》；第三编是"各派思想家著作"，选有《墨子》《孙子》《韩非子》《吕氏春秋》《国语》《战国策》《朱子》等，均为节选的片段。译者为苏霍鲁科夫、波梅兰采娃、托尔钦诺夫、季塔连科、特卡琴科、康拉德和克留科夫等。

苏联译介中国古籍的另一个重点是《史记》。迄今已出过两种单行本：一是《司马迁文选》，帕纳秀克译，1950 年出版；一是《史记》两卷本，维亚特金和塔斯金合译，两卷先后于 1972 年和 1975 年出版。列宁格勒的汉学家克罗尔（生于 1931）还写出论《史记》及其作者的专著《司马迁——历史学家》（1970）。

同时，苏联时期还有下列书籍的节译发表：《淮南子》《盐铁论》《汉书》《韩非子》。分别见于《古代世界史文选》（司徒卢威编，1950）和《远东诗歌与散文》（1973）。

20世纪50年代起双向交流的扩展

1949年以后，中国对外文化交流工作的对象偏重苏联等社会主义国家，交流的目的很明确，就是要加紧宣传中国革命的胜利，使这些国家更多的人了解新中国，同时，要学习对方国家的经验，发展新中国的文化事业。

因而，中国与苏联的文化交流不但开展得最早，而且发展得最快。交流的方面也迅速扩展，涉及十分广泛的领域，包括文学、艺术、教育、体育、卫生、科技、新闻出版、广播、电影、文物、图书、博物馆等各个文化部门。无论人员来往，或是信息资料的交换，都极为频繁。这对于推动我国文化事业的发展有非常积极的作用。

中国方面从1950年起每年都有艺术团赴苏联演出，苏方访华的艺术团组为数更多，每年至少有两团次以上。

从1949年中苏建交至1966年的17年间，是双方作家、艺术家互访的黄金时代，两国文艺界的著名人士几乎都有机会到对方国家去观光。中国如郭沫若、茅盾、周扬、夏衍、巴金、丁玲、周立波、郑振铎、曹靖华、吴晓邦、贺绿汀、马思聪、刘开渠、华君武、杜宣、金人、赵讽、郭兰英、吕骥、黄虹、郑君里、张骏祥、白杨、张瑞芳、秦怡、孙道临、蔡楚生、阿良、杨小亭、夏菊花、孙泰等等，以及当年赴苏进修留学的青年艺术家李德伦、严良堃、郑小瑛、郑兴丽、盛中国、殷承宗等等。

苏联方面如爱伦堡、吉洪诺夫、法捷耶夫、西蒙诺夫、波列沃依、乌兰诺娃、普列谢茨卡娅、齐米娜、莫伊塞耶夫、邦达尔丘克，以及电影导演格拉西莫夫、作曲家诺维科夫、钢琴家谢列布里亚科夫等。以俄罗斯学派的芭蕾明星乌兰诺娃为首的芭蕾舞团一行 159 人于 1959 年 9—11 月在中国演出《天鹅湖》《吉赛尔》等剧及其他芭蕾舞剧片段共 40 场，反响强烈，给中国观众留下了深刻的印象。当时在北京看过演出的田汉对她的演技曾作诗赞叹，曰："举都惊妙技，万掌发鼓急。"

1949—1960 年，苏联翻译出版的中国文学作品近 1000 种，印数达 4300 万册，而且是用 50 种苏联境内的民族文字印行的。

中国在出版马列著作、俄苏文学作品上已达到系列化（全集或选集），并且从古至今作品齐全。在教育方面中国派出留苏学生，年年不断，单计 1951—1962 年就有约 1.1 万多人，学习各种专业，包括美术、音乐、芭蕾舞，直

乌兰诺娃像，存于荷兰国家档案馆

至电影导演、摄影等。同时，请苏联专家来华任教帮助建立新的学科，借用苏联的教材和资料，直至改革中国的教育制度和方法，依照苏联模式办学。苏联方面也派员来华学习进修中国特有的科学技术，如中医学，具体到针灸、中药甚至道教养生学，还有健身方面的太极拳，直至气功、武术。

这类双向的学习活动曾因中苏断交 20 年而有所减弱，但 20 世纪 80 年代开始便又生气蓬勃地恢复起来了。

苏联翻译和研究中国文学的高潮

苏联 20 世纪中后期对中国文学的研究，大体经历了下述几个阶段。

1. 20世纪50年代译介中国文学的热潮

随着中国的解放、客观条件的改善和主观研究力量的剧增，苏联对中国文学的引进便在 20 世纪 50 年代出现了浩荡的"洪流"。在这 10 年里出版的译作品种繁多，包括从古代至现当代的作品；每一种印数均达 5 万或 10 万册。有什图金的《诗经》首次全译本（1957），费德林主编的四卷本《中国诗集》（1957—1958）所选诗歌上起古代下至 20 世纪 50 年代。第一卷收入《诗经》的《风》《雅》《颂》（选），《楚辞》，曹操、曹丕、曹植五言诗，陶渊明诗和汉乐府。第二卷为唐诗，有李白、杜甫、白居易、元稹、王维、孟浩然、韩愈等人的作品。第三卷包括宋、元、明、清四个朝代和近代，有苏东坡、欧阳修、柳永、陆游、李清照、辛弃疾直至近代林则徐、黄遵宪的诗。第四卷为 1949—1957 年的新诗，入选的是郭沫若、萧三、田间、臧克家等多人的诗作。这部诗选，第一次向苏联读者展示了中国诗歌全貌。其选择之精之全，迄今仍为国外所仅见，也为后来苏联编辑中国诗选和单个诗人的选本提供了依据，并为研究者确定重要研究对象提供了根据。它的出版成为苏联汉学界乃至文学界在 20 世纪 50 年代的一大盛事。

此外，还出版了一些大诗人的单行本，如艾德林译《白居易诗集》（1958），吉托维奇译《杜甫诗集》（1955）、《李白抒情诗集》（1956）和《王维诗集》（1959），阿列克谢耶夫等译《屈原诗集》（1954），等等。此时，几部中国重要古典小说也有了俄译本：帕纳秀克译《三国演义》（1954）和《红楼梦》（1958）、罗加乔夫（罗高寿）译《水浒传》（1955），以及他同科洛科洛夫合译《西游记》（1959）、沃斯克列辛斯基（华克生）译《儒林外史》（1959）、费什曼等译《镜花缘》（1959）。有些还是西方较少译介的清末章回小说，如谢曼诺夫译《老残游记》（1958）和《孽海花》（1960）。

现当代的大作家如鲁迅、郭沫若、巴金、茅盾、老舍、叶圣陶、丁玲等的作品都有了俄译本：四卷本的《鲁迅选集》（1954—1955）、两卷本的《老舍选集》（1957）、一卷本的（郭沫若选集）（1955）、三卷本的《茅盾选集》（1956）以及丁玲的《太阳照在桑干河上》（1949）等。一些在西方还很少介绍的作家如马烽、李准、周立波、杨朔、艾芜、陈登科、秦兆阳、冯德英等的作品在苏联也都得到了译介。像苏联如此规模宏大、时间集中的中国文学译介工作，在世界汉学史上怕是少有的。

友好的中国也给苏联汉学家的来华提供了优厚的条件。俄罗斯汉学界的中年以上学者，大都或长或短地在中国逗留过，在资料和指导上都获益不小。即以到过北京大学进修的人为例，指派的导师都是第一流的，如切尔卡斯基受王瑶的指导、施奈德受曹靖华的指导、查瓦茨卡娅受宗白华的指导。资料则是丰富而齐备的。汉学家李福清很怀念 1965 年在北京大学进修时每天到北京大学图书馆查资料、每周一两次进城逛书店和到天桥听说书的日子。提供资料方便的何止北京大学，李福清在 20 世纪 50 年代中期开始研究孟姜女的故事，缺乏资料，就给中国各省的文联写信，请代为搜集。不多久，几乎每个省都给他寄去了有关孟姜女的资料：民歌、传说、地方戏，直至古迹的照片。时隔 30 多年，李福清还由衷地说："中国朋友的关心和帮助，使我非常感动，永生难忘。"

苏联汉学家已推出了一批研究性的论著。综合性的文学史书有费德林的《中国当代文学概观》（1953）、《中国文学·中国文学史纲要》（1955），艾德林的《论今日中国文学》（1955）。

艾德林教授

作家专论有波兹涅耶娃的《鲁迅》（1957）和《鲁迅的生平与创作（1881—1936）》（1959）、索罗金的《鲁迅世界观的形成·早期的政论作品和〈呐喊〉》（1958）、谢列布里亚科夫的《杜甫评传》（1958）、费什曼的《李白的生平和创作》（1958）、彼德罗夫的《艾青评传》（1954）等。

《艾青评传》作者彼德罗夫

2. 20世纪70年代扩大翻译的范围

进入20世纪60年代中期，由于中苏关系变冷，两国的文化交流深受影响，其主要表现之一是汉学人才的培养上数量锐减，汉学队伍面临青黄不接，不但研究人员减少，就是教授汉语都感人手欠缺。这种情况引起老一代汉学家的忧虑，20世纪80—90年代曾采取措施，以弥补不足。

不过，由于有中年汉学家一代人的努力，中国文学的翻译和研究仍然坚持下来，而且有所发展。在翻译方面，这20多年，逐步扩展到各种体裁的作品，似乎可以说是在20世纪50年代的基础上做了"填平补齐"的工作。古典诗词仍然是重点，陆续出版的作品有：艾德林译《白居易抒情诗集》（1965）、《白居易诗集》（1978）、《陶渊明抒情诗集》（1964）和《陶渊明诗集》（1975），切尔卡斯基译曹植《七哀诗集》（1973），戈鲁别夫译《陆游诗集》（1960）、《苏东坡诗词集》

（1975），巴斯曼诺夫译《辛弃疾诗词》（1961）
和李清照《漱玉词》（1974）等。也有多人
合集的诗选，如艾德林译《中国古典诗歌集》
1975 和巴斯曼诺夫译《梅花开——中国历代
词选》（1979）。

在小说方面，既有旧小说和笔记，如吉
什科夫译六朝干宝的《搜神记》（1977），
李福清等译《紫玉（中国一至六世纪小说
集）》（1980），费什曼、吉什科夫译《唐
代传奇》（1960），索科洛娃译《浪子与术士》
（又名《枕中记》，1970），戈雷金娜译沈
复的《浮生六记》（1979）和瞿佑的《剪灯
新话》（1979），费什曼译纪昀的《阅微草
堂笔记》（1974）；也有通俗小说，如帕纳
秀克译钱采的《说岳全传》（1963）和石玉
昆的《三侠五义》（1974）、维尔古斯和齐
别罗维奇合译《今古奇观》（1962）、左格
拉芙译《十五贯〈中国中世纪短篇小说集〉》
（1962）、罗加乔夫译《碾玉观音》（1972）
等。还有 20 世纪 80 年代出版的帕纳秀克译
罗贯中、冯梦龙的《平妖传》（1983）。此外，
1977 年出版了马努辛译的删节本《金瓶梅》。
有趣的是苏联也如同我国一样，为了在少年

艾德林译《陶渊明和他的诗歌》

艾德林译《中国古典诗歌集》封面

儿童中推广文学名著，在 20 世纪 70—80 年代出了几种小说名著的节译本或缩写本，计有《水浒传》（1978）、《西游记》（1982）、《三国演义》（1984）等，均系以 20 世纪 50 年代已出的全译本为基础做的缩改。

在散文作品方面，有杨希娜译《山海经》（1977）、索科洛娃译《韩愈柳宗元文选》（1979）、谢列布里亚科夫译陆游的《入蜀记》（1968）等。在《中国古代诗歌与散文集》（1979）中，除收入《诗经》《楚辞》、古诗十九首、汉乐府外，还有司马迁、贾谊等人的散文作品。

戏曲和民间文学方面，重要的有：孟列夫译王实甫的《西厢记》（1960）；彼得罗夫等译《元曲》（1966）收入关汉卿、马致远等 8 位作家的 11 部剧作；索罗金等译《东方古典戏剧》（1976）中收入洪昇、孔尚任、汤显祖等 6 位作家的 6 部剧作，均系摘译。民间文学有李福清辑译的《中国民间故事》（1972）和《东干族民间故事与传说集》（1977）、鲁波·列斯尼琴科和普济斯基合译的袁珂《中国古代神话》（1965），以及李福清为《世界各民族的神话》（1980）编

俄罗斯汉学家李福清

写的《中国神话》，约共 200 余则。

现当代文学的翻译比古典文学少，重要的有切尔卡斯基译的中国诗集系列（含近六七十年来的诗选）：《雨巷——20 至 30 年代中国抒情诗》（1969）、《五更天——30 至 40 年代中国抒情诗》（1975）、《四十位诗人——20 至 40 年代中国抒情诗》（1978）和《蜀道难——50 至 80 年代的中国诗歌》（1987），共选入 100 多位诗人的诗作。另一个重点是小说，新译出的有：伊万科译茅盾的《幻灭》（1972）、谢曼诺夫译老舍的《猫城记》（1969）和《赵子曰》（1979）、切尔卡斯基译张天翼的《鬼土日记》（1972）、罗果夫和克里夫佐夫译赵树理的《李有才板话》和《小二黑结婚》（1974）、索罗金译钱锺书的《围城》（1980）以及几本短篇小说集，分别选入鲁迅、茅盾、巴金、叶圣陶、丁玲、王鲁彦、王统照、谢冰心、吴组缃、许地山、老舍等人的小说。此外，还有施奈德译《瞿秋白选集》（1975）和热洛霍夫采夫译邓拓的《燕山夜话》（1974）。

70 多年来苏联翻译的中国文学作品已为数不少，20 世纪 80 年代初苏联即着手编辑规模宏大包括古今的 40 卷本"中国文学丛书"，后来也已经陆续出版。

3. 20世纪60—70年代出现的一批研究成果

各类专著有：李福清著《万里长城的传说与中国民间文学的体裁问题》（1961）、《中国的历史演义与民间文学传统》（1970）和《从神话到章回小说》（1979），热洛霍夫采夫著《话本——中国中世纪的市民小说》（1969），费什曼著《中国讽刺章回小

说（启蒙时期）》（1966），谢曼诺夫著《中国章回小说的演变》
（1970），谢列布里亚科夫著《中国 10—11 世纪的诗词》（1979），
索罗金著《中国 13—14 世纪的古典戏曲》（1979），戈雷金娜
著《中国中世纪的短篇小说：题材渊源及其演化》（1980）和《中
国中世纪前的散文》（1983）。

文学理论和美学问题的论著有：戈雷金娜著《中国美文学理
论》（1971）和李谢维奇著《中国古代与中古之交的文学思想》
（1970）。有些著作虽为编译，但其注释和选材、序文也具有研
究的深度，如《中国古代的无神论者、唯物论者、辩证法家——列子、
杨朱、庄子》（波兹涅耶娃编译，1967）、《晚期道家论自然、
社会和艺术》（1979 年波梅兰采娃编注）。

综合性研究论著有：费德林的三部著作《中国文学研究问
题》（1974）、《中国古典文学名著》（1978）和《中国文学
遗产与现时代》（1981），施奈德著《俄国古典作品在中国》
（1979）。还有集体撰写的论文集，如《中国古典文学论文集》
（1969）、纪念阿列克谢耶夫 90 周年诞辰论文集《中国文学与
文化》（1972）、庆祝费德林六十寿辰文集《苏联对中国文学
的研究》（1973）等。

作家专论有古代作家和现代作家评述。古代作家论有艾德林
著《陶渊明及其诗歌》（1969）、切尔卡斯基著《曹植的诗》（1963）、
谢列布里亚科夫著《陆游传论》（1973）、马良文著《阮籍》
（1978）、别任（巴德尔金）著《谢灵运》（1980）、费什曼著《中
国 17—18 世纪三位小说作家：蒲松龄、纪昀、袁枚》（1980）。

现代作家论有：施奈德著《瞿秋白的创作道路（1899—1935）》（1964）、索罗金著《茅盾的创作道路》（1962）、谢曼诺夫著《鲁迅和他的前驱》（1967）、安季波夫斯基著《老舍的早期创作——主题、人物、形象》（1957）、马特科夫著《殷夫——中国革命的歌手》（1962）、阿吉马穆多娃著《郁达夫和"创造社"》（1971）、苏霍鲁科夫著《闻一多的生平与创作》（1968）、齐宾娜著《1937—1945年抗日战争时期郭沫若的剧作》（1983）、尼古利斯卡娅著《巴金创作概论》（1976）和《曹禺创作概论》（1984）等。

4. 20世纪80年代以来的中国当代文学热

我国改革开放以来，文学创作的迅猛发展立即引起汉学家们的注意。从20世纪70年代末起苏联各种报刊就陆续译载反映我国改革之后社会巨变的作品，至20世纪80年代中期似乎已形成热潮。其翻译数量越来越多，仅以汇集成书的统计，至1987年，已翻译出版的中国古代中短篇小说集有7部，收入小说60篇；长篇小说3部；诗集一部收入22位诗人的30余首诗。至于散见于各地报刊的文学翻译作品则种类和篇数繁多，不计其数。不但有俄文，而且有乌克兰文等苏联其他民族文字的翻译。这种中国当代文学热一直持续到20世纪末。

在20世纪，汉学研究力量已充分发展，形成一支强大的汉学家队伍，陆续出了4名科学院院士：阿列克谢耶夫院士（阿翰林，苏联汉学的奠基人）、齐赫文院士和米亚斯尼科夫院士、季塔连科院士。他们分别在文学、史学和哲学领域成为汉学研究的领军人物。而李福清通讯院士则于 2003 年 12 月 22 日获中国教育部颁发的"中国语言文化友谊奖"，成为首位荣获我国政府奖的俄国汉学家。

俄罗斯汉学完成三大文化工程

1917 年十月革命后苏联新国家的建立为文化事业的发展创造了条件，文化研究各学门均受其惠，汉学亦然。经过 20 世纪 50 年代快速的发展，至 20 世纪 80 年代苏联的汉学研究达到高峰。主要表现在，一是研究机构全国布局，形成五大重镇，即苏联科学院系统的"三强"——在莫斯科的远东研究所、东方学研究所和在列宁格勒（今圣彼得堡）的东方学研究所分所；此外，有高校系统的"两校"：莫斯科大学亚非学院和圣彼得堡大学东方学系。其他当然还有西伯利亚和远东一些单位。

二是汉学队伍极大壮大，改变了 20 世纪上半叶仅有一位院士——阿列克谢耶夫领军的局面，而由阿氏的门生四人晋升为院士，分别承担汉学三大分支学科，即文、史、哲三学科的带头人。他们亲力亲为，率领大批学人创立和完成了汉学三大世纪工程，为 300 多年来俄国汉学成果做了完满的归结。而此三项正是其汉学研究在 20 世纪末走上繁荣的标志。

1. 哲学科，季塔连科院士，其主要研究领域是中国哲学史和墨子。他曾到北京大学进修，师从冯友兰教授，有研究墨子的专著，后主编《中国哲学史》和《中国哲学百科辞典》。其研究领域广泛，

季塔连科院士照片，原载 2011 年 11 月 18 日《光明日报》

涉及哲学、现代政治和中俄及亚太国家关系，广有建树。同时长期担任远东所所长，在对外交流实践上成绩卓著，影响广泛，颇孚众望。他晚期主编了一部新颖的百科全书《中国精神文化大典》，实现了他在俄国全面系统推介中国精神文化的夙愿。

这套大典共 6 卷（每卷大开本，近千页），依次为：《哲学》《神话、宗教》《文学、语言和文字》《历史思想、政治和法制文化》《科学、技术、军事思想、卫生和教育》《艺术》。该丛书旨在兼顾专业学人和普通读者，具有学术论著和普及读物双重性质，因而书卷结构上一般分为 3 篇：甲篇为综论，用长文对主要论题做解释、论析和辩证；乙篇为词典，详列一个个词条，做注解，供查阅；丙篇附录文献、参考资料或译名对照，为欲进一步研究者提供方便。更为可贵的是，其内容不是选自中文再去翻译，而是由有实践成果的汉学家执笔写作。因而可以说它是 300 年来的俄国汉学家研究心得和治学经验的结晶。季氏也因此调动了全苏联的几百位汉学家参编。由此可以说，《大典》正是俄国汉学历史进程的丰碑。季塔连科也成为百科全书式的汉学家。

2.史学科，齐赫文斯基院士，其主要研究领域是中国近现代史，他重点关注康有为、孙中山、周恩来三位历史巨人，为他们各写了一部专著加以描述。他曾是北大曹靖华教授的学生，长期担任中俄之间交往的外交官，对华怀有亲切的感情，被誉为两国友好交流的桥梁。他晚年写出深情的回忆录《我的一生与中国》和《回到天安门》。齐氏主编的皇皇巨著《中国通史——从远古时期到 21 世纪初》十卷本在他百岁高龄时完成。史学院士米亚斯尼科夫以及季塔连科、李福清三人则加入了编委会为其助力。

齐赫文斯基院士照片，原载北京大学校报第 1474 期

《中国通史——从远古时期到 21 世纪初》按时间顺序分卷，依次为：《上古和古代史》（第一卷）、《战国时期、秦朝和汉朝》（第二卷）、《三国、晋、南北朝、隋、唐朝》（第三卷）、《五代、宋朝、辽、金、西夏》（第四卷）、《元朝、明朝》（第五卷）、《清朝》（第六卷）、《中华民国》（第七卷）、《中华人民共和国：1949—1976 年》（第八卷）、《中华人民共和国：1976—2009 年》（第九卷）、《中国台湾、香港、澳门》（第十卷）。

3. 文学科，李福清院士主编"中国文学史"时面临较为复杂的情况。俄国汉学界有人质疑中国传统的文学史体例。莫斯科大学教授、汉学家波兹涅耶娃将它概括为："分期按朝代，分类看体裁"。她认为这样的历史分期太细，从先秦到大清十几个朝代，学生难记，不如照世界史按大时代来分，只有古代、近代、现代，这样既好记，又能放在世界文学史大背景里比较，易理解。另外，按体裁分类，例如唐诗、宋词，只能表现其高峰阶段，不方便表达文学的发展规律。况且，唐代之前有诗的起源，之后有诗的发展、变化。

李福清乃将其主编的内容纳入苏联科学院世界文学研究所主编的《世界文学史》九卷本，其中每卷都有中国文学部分，串起来就是一部自古迄今的中国文学通史，具体依次为：中国古代文学起源：商、周至秦朝文学（第一卷）、古代和中世纪文学（第二卷）、汉代至唐代和北宋文学（第三卷）；文艺复兴时期：宋末至清初文学（第四卷）；启蒙主义时期和向近代过渡时期：清代前期文学（第五卷）、清代中叶文学（第六卷）；法国大革命时期：清代末叶文学（第七卷）、1890—1917 年时期的清末民初文学（第八卷）；十月革命至第二次世界大战（1917—1945）的现代文学（第九卷）。

每一卷均由当代汉学名家主笔，或写综论，如康拉德、艾德琳、谢列布里亚科夫、费什曼、谢曼诺夫、热洛霍夫采夫、李谢维奇、切尔卡斯基、索科洛娃、索罗金、彼得罗夫、尼基京娜、华克生等，多为中国文学界同行耳熟能详的名字。

然而，那种按欧洲历史分期概念来切割中国文学史时期的做法，显得过分比附，局限性是显而易见的。此种套装内容的编法未必利于教学，是故俄罗斯似乎还需要一部单叙中国文学的国别文学史。

俄罗斯汉学界同时还完成一大翻译工程：由科学院东方文献研究所所长波波娃通讯院士领导团队积十年之久译出由北京大学袁行霈、严文明、张传玺、楼宇烈教授主编的《中华文明史》四卷本（2006）。俄罗斯科学院全面及时引介中国文化界研究成果已成传统。

我国俄罗斯学的形成

中国自1708年创办俄罗斯文馆，经过200年漫长的过程，至20世纪初（1919年北京大学设立俄文系），才有可能酝酿形成俄罗斯学。

1. 从20世纪初至20年代末进入形成时期

在十月革命和五四运动的影响和推动下，俄罗斯学进展明显，人员急剧增加。参与介绍俄苏的有三部分人，一是革命者和革命文化人，虽然不都懂俄文，但为了介绍新思潮和新俄文化，都通过各种外文来译介。李大钊、陈独秀、鲁迅、茅盾、郭沫若、郑振铎等都有这方面的著述。二是直接赴苏俄考察，懂俄文、能描述现实新况的人士。第一个在新俄采访的瞿秋白写出《饿乡纪程》和《赤都心史》两本著作，耿济之在苏联期间译出一系列文学名著。三是在国内兴办俄文学校，从事培养人才的教师，京沪和东北各地都有，如北京俄文专修馆、上海外国语学社。持续久、影响大的是北京大学俄文系，开设学科门类完备，并聘有俄苏籍教员。尤其出现了张西曼这样的代表人物，是中国俄罗斯学形成的标志。张西曼兼备通俄文、具学术素养和做出研究成果三方面的条件。他早年留俄，深谙苏俄国情，从事革命和教学实践，在北大图书馆任职和北京各校任俄文教员，有多种著译。他作为俄文教授最早于 20 年代初推出《俄文文法》（1992）、《中等俄文典》（1923）、《新俄罗斯读本》（1925）等系列教材，成为中国俄语教育史上的开拓者。

鲁迅先生

张西曼

北大俄文楼

2. 从20年代末至1949年为缓慢进展时期

在上一时期，俄罗斯学虽已初步形成，但仍不完备，尚缺乏有成果的学者群。20世纪20年代末起，北京军阀旧政权又实行反动政策，限制和打击与苏联有联系的文化人，迫害革命者，这使得俄罗斯学的进展步履维艰。在这个时期，它主要依据革命与社会运动的需要而开展，因而实践性强，正构成了中国俄罗斯学的特点。

这个时期也有三部分人在活动。一是以几个文化团体为依托的人士，如20世纪30年代"左联"的瞿秋白、周扬等，20世纪30—40年代中苏文协的张西曼、曹靖华、戈宝权等，20世纪40年代时代出版社的姜椿芳、叶水夫、孙绳武等。曹靖华则以译介苏俄革命文学而成为译界的旗帜。二是在苏联莫斯科外文出版局工作的中国学者萧三、唯真、陈昌浩、李立三等，主要是译介马列主义和苏联革命书籍。三是在俄语院校任教的，如延安马列学院的张闻天、师哲，延安外国语学校的卢竞如等，在国统区如西南联大的刘泽荣等。至1949年底，全国205所高校中设俄文系科的有 13 所，教师 145 人，学生 984 人。

3. 从20世纪50年代至80年代中期则是快速发展和完备时期

20 世纪 50 年代初全面学习苏联的形势促进俄罗斯学大发展，60—70 年代两国关系一度恶化，但本学科并未中断，经过调整反而有所加强与提高，学界从以翻译介绍为主转入以研究为主。1964 年以中国社科院苏联东欧研究所为代表的一批苏联问题研究机构应运而生。高校大力培养俄文专业人才，学制和教材规范化。

20 世纪 80 年代初正式提出"苏联学"名称，即在 1982 年中国成立了"苏联东欧学会"，开始使用"苏联学"名称。陆续出现大批研究成果，学者成群，学科走向完备，培养人才的教育制度也形成体系。1991 年苏联解体后，我国学界恢复使用"俄罗斯学"名称。目前俄罗斯学学者主要分布在高等学校、各级社会科学研究部门和政府各部委的研究机构三个体系之中。出版了首次由中国学者编写、经教育部审定的"高等学校文科教材"——曹靖华教授主编的《俄苏文学史》（三卷本，张秋华、岳凤麟、李明滨任副主编，1989—1992）。

同时，中国的俄罗斯学学者也与国际上的同行开展国际学术交流。以"苏联东欧学会"（现名东欧中亚学会）为代表，与国际"斯拉夫学学会"发生联系，参加过在美国、英国、波兰等国举行的国际斯拉夫学者大会。以"中国俄语教学研究会"为代表，与莫斯科的"国际俄语语言文学教师协会"（МАПРЯЛ）发生联系，参加过在匈牙利、捷克、苏联等国举行的国际俄语教师大会。

主要参考文献：

一、中文

1. 张星烺：《中西交通史料汇编》第 4、5 册，辅仁大学丛书，1929 年。

2. 彭明：《中苏友谊史》，人民出版社，1952 年。

3. 戈宝权：《谈中俄文字之交》，见周一良主编《中外文化交流史》，河南人民出版社，1987 年。

4. 傅克：《中国外语教育史》，上海外语教育出版社，1986 年。

5.［俄］李福清：《中国古典文学研究在苏联（小说·戏曲）》，田大畏译，书目文献出版社，1988 年。

6. 李明滨：《中国与俄苏文化交流志》，上海人民出版社，1998 年。

7. 中华人民共和国文化部对外文化联络局编：《新中国对外文化交流史略》，中国友谊出版公司，1999 年。

二、俄文

1. А.С.Цветко, Советско-китайские культурные связи. Издательство "Мысль", М. 1974

2. П.Е. Скачков , Очерки истории русского китаеведения , Изда тельство "Наука", 1977

3. С.Л. Тихвинский, И не распалась связь. М. 1993

4. М.Л.Титаренко, Китайская ФилосоФия: Энциклопедический словарь, М.1994

5. К.И.Г олыгина, в.Ф.Сорокин, Изучение китайской литературы в России, М. "Восточная литература ", 2004